Dr. med. Eva-Maria Kraske

Wie neugeboren durch

Säure-Basen-Balance

Natürliche Hilfe bei Ernährungssünden

- Störungen und Symptome erkennen
- Entschlacken, entgiften, abnehmen
- Ernährungsprogramm, köstliche Rezepte

GU GRÄFE UND UNZER

Inhalt

PRAXIS

Es ist die Balance der Stärken und Schwächen, das Wechselspiel zwischen Yin und Yang, was uns zu dem macht, was wir sind, und was die Beziehungen untereinander prägt.

Für Johanna-Amalie, Hans-Helmut, Hans-Michael, Hanne-Michaela, Ursula-Friederike.

Mein besonderer Dank gilt Anke Pauselius.

Wichtiger Hinweis

In diesem GU Ratgeber sind Beschwerden, die durch Verschiebungen im Säure-Basen-Haushalt entstehen, und Möglichkeiten, wie diese wieder reguliert werden können, dargestellt. Einige der vorgestellten Maßnahmen weichen von der gängigen medizinischen Lehrmeinung ab. Bei Umstellungen bisheriger Gewohnheiten, vor allem bei bestehenden Stoffwechselerkrankungen, muß immer ein Arzt zu Rate gezogen werden. Sorgfältig zu beachten sind außerdem alle Hinweise im Text, die auf die Notwendigkeit ärztlicher Untersuchung und Behandlung aufmerksam machen.

Ein Wort zuvor

Der Ablauf aller chemischen Vorgänge in der Natur ist auf ein bestimmtes Milieu in der Umgebung, einen festgelegten Säuregrad angewiesen. Bekanntestes Beispiel dafür ist der Waldboden, dessen Übersäuerung für ganz erhebliche Schäden an den Bäumen verantwortlich gemacht wird.

Unserem Organismus geht es nicht anders: Nur bei einem immer gleich bleibenden Säuregrad im Blut und den Flüssigkeiten in und zwischen den Körperzellen können alle Auf- und Abbauvorgänge, jede Energiespeicherung und -gewinnung ungehindert ablaufen; jede Abweichung von der sehr eng gesetzten Norm bedeutet bestenfalls eine Verzögerung, schlimmstenfalls eine Fehlregulation.

Enge Grenzen

Für viele Erkrankungen wie Rheuma, Osteoporose, Hefepilzbefall im Darm, chronische Hautleiden, Migräne, Krebs, Gicht, psychische Erschöpfungszustände (um nur einige zu nennen) findet die Medizin keine ausreichenden Erklärungen. In der Naturheilkunde werden sie und eine Reihe anderer Krankheiten und Beschwerden mit einer übersäuerten Stoffwechsellage in Zusammenhang gebracht. Unsere Lebensführung und vor allem die übliche Ernährung führen demnach zu einer Verschiebung des optimalen Stoffwechselmilieus. Solche Entgleisungen lassen sich jedoch mit einfachen Mitteln verhindern oder wieder ausgleichen.

Lebensweise, Ernährung

Das Streben nach der Säure-Basen-Balance ist somit eine Gesundheitsvorsorge zum Nulltarif, aber auch eine Möglichkeit, bereits bestehende Krankheiten zu bessern, ja vielleicht sogar zu heilen.

Dr. med. Eva-Maria Kraske

Gesundheit durch Säure-Basen-Balance

Ganz ohne unsere Unterstützung ist es sogar für ein so ausgeklügeltes System wie unseren Organismus schwierig, seinen mannigfaltigen Aufgaben und Funktionen nachzukommen. Wir müssen lernen, auf unseren Körper zu hören, ihn zu spüren, ihn zu verstehen. Pflegen wir ihn durch gebührende Aufmerksamkeit, optimale Ernährung, eine ausgeglichene Lebensweise und trainieren wir ihn durch angemessene Bewegung, werden wir nicht nur ihn, sondern auch unsere Seele zu bestmöglicher Gesundheit führen können. Gelingt es uns, auf diese Weise ein Gleichgewicht zu finden zwischen Anspannung und Entspannung, zwischen gesundheitsbewußtem Leben und »vergnüglichem Laisser-faire«, und auch zwischen Säuren und Basen, schaffen wir beste Voraussetzungen, bis ins hohe Alter aktiv und fit zu sein.

Der Säure-Basen-Haushalt

Gleich-bleibendes Milieu

Andauernd laufen in unserem Organismus chemische Vorgänge ab, sie bestimmen das Stoffwechselgeschehen, die Tätigkeit unserer Muskeln und Nerven, die lebensnotwendigen ständigen Auf- und Abbauvorgänge in allen Körperzellen. Damit alles reibungslos funktioniert, brauchen diese feinsten chemischen Vorgänge ein gleichmäßiges Milieu, sie können sich nur richtig abspielen, wenn in den Körperflüssigkeiten und im Innern der Körperzellen ein Gleichgewicht zwischen Säuren und Basen besteht. Der Säuregrad (pH-Wert) des Blutes darf sich nur in einem bestimmten, sehr engen Bereich verändern.

Was sind Säuren, was sind Basen?

Eine Säure ist chemisch durch ein positiv geladenes Teilchen, das Wasserstoffion (H^+), gekennzeichnet, eine Base durch eine negativ geladene OH-Gruppe (OH^-), in der ein Wasserstoff- und ein Sauerstoffion miteinander verbunden sind; die Chemiker nennen diese Verbindung Hydroxylionen. Überwiegen in einer Lösung die freien H^+-Ionen, dann ist sie sauer, sind dagegen mehr OH^--Ionen frei, dann ist die Flüssigkeit basisch.

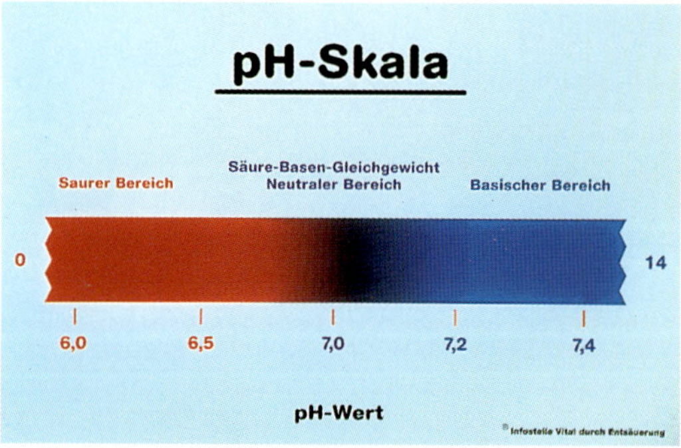

Der pH-Wert

Der Säuregrad

Der pH-Wert (Potentia Hydrogenii, Wirksamkeit des Wasserstoffions) ist das Maß für die Konzentration der Wasserstoffionen in einem Liter Lösung. Die Skala des pH-Werts erstreckt sich von pH 1 – stark sauer – über pH 7 – neutral – bis pH 14 – stark basisch. Eine neutrale, also weder saure noch basische Flüssigkeit mit dem pH-Wert 7 besitzt die gleiche Menge an sauren (H^+) und basischen (OH^-) Teilchen, deren Wirkung sich ausgleicht.

Der Einfluß des pH-Wertes auf unseren Körper

Auswirkungen überall

Der Säuregrad im Organismus wirkt sich auf die Beschaffenheit der Eiweißmoleküle, die Struktur der Zellbestandteile und die Durchlässigkeit der Membranen an den Körperzellen aus. Außerdem ist er zuständig für die Wirksamkeit von Enzymen und Hormonen, für die Verteilung der Elektrolyte, der elektrisch geladenen Teilchen in unserem Organismus, und den Aufbau und die Funktion der Bindegewebe zwischen den Zellen. Ganz besonders wichtig ist ein gleichmäßiger pH-Wert von 7,4 im Blut, dem Haupttransportmittel für alle möglichen chemischen Substanzen durch unseren Körper. Kommt es dort zu Schwankungen (sie bewegen sich zwischen 7,3 und 7,8) werden diese ausgeglichen.

Die wichtigsten Regulationsmechanismen

Es gibt mehrere Schutzvorrichtungen, die sogenannten Puffersysteme, die pH-Entgleisungen in den Körperflüssigkeiten und in den Zellen nach oben oder unten – das heißt in den basischen oder sauren Bereich – ausgleichen.

Lunge, Nieren, Haut

Zu diesen Puffersystemen gehören der Blutfarbstoff, die Bluteiweißkörper und bestimmte Zelleiweißkörper, die Säuren abfangen. Am wichtigsten aber für den Ausgleich von Säuren und Basen sind Lunge und Nieren. Ein geringer Ausgleich kann auch über die Haut mit dem Schweiß erfolgen.

Der Magen bildet Säuren (Salzsäure) und Basen (Natriumbicarbonat), die ebenfalls Einfluß nehmen auf die allgemeine Säure-Basen-Bilanz des Körpers. Zudem fungiert das Bindegewebe zwischen den Zellen als Säurespeicher. Auch der Leber wird als wichtigstem Verbrennungsorgan unseres Körpers eine pH-regulierende Funktion zugeschrieben. Und nicht zuletzt gilt das Knochengerüst als Mineralstoffreservoir, aus dem bei Bedarf Basen entnommen werden.

Ist eines der Puffersysteme gestört, übernimmt ein anderes soweit wie möglich dessen Funktion, es kompensiert den Fehler. Ist zum Beispiel die Lunge geschädigt und kann nicht genügend Kohlendioxyd abatmen, springt die Niere mit einer verstärkten Säureausscheidung ein. Dadurch ist es manchmal schwierig, die wahre Ursache einer Entgleisung des Säure-Haushalts zu finden. Andererseits werden bei Erkrankung eines Organs meist andere Organe durch Überbelastung in Mitleidenschaft gezogen und ebenfalls krank.

Ausgleich zwischen der Organen

Bei so vielen Sicherheitssystemen können Sie erahnen, wie wichtig es für einen funktionsfähigen Organismus ist, den optimalen pH-Bereich des Blutes aufrechtzuerhalten.

Ausscheidung über die Lunge

Durch die Lunge werden Säuren in Form von Kohlendioxyd, das ständig mit dem Blut antransportiert wird, buchstäblich abgeatmet. Bei besonders starken Entgleisungen des Stoffwechsels, wenn viel Säure im Körper entsteht, wird die Ausatmung gegenüber der Einatmung verstärkt, so daß mehr Säure auf diesem Weg abgegeben wird.

Ausscheidung über die Nieren

Die Niere spielt bei der Ausscheidung von Säuren eine zentrale Rolle. Sie verfügt über fünf verschiedene biochemische Mechanismen, die in den Säure-Basen-Haushalt eingreifen. Zum einen kann sie basensparend arbeiten, indem sie bei körperlicher Übersäuerung weniger Basen in Form von Bicarbonat ausscheidet. Zum anderen kann sie übermäßig angefallene Säuren in Form von H^+-Ionen vermehrt gegen Natrium- und Kalium-Ionen austauschen. Sinkt der Urin-pH-Wert unter 6,0, wird also der Urin sauer, dann können zum Ausgleich auch organische Säuren oder saure Stickstoffverbindungen ausgeschieden werden. Voraussetzung dafür, daß diese Regulation einsetzen kann, ist aber immer ein reichliches Flüssigkeitsangebot, damit die Nieren eine größere Menge der anfallenden Stoffe ausspülen können.

Viel trinken

Dem an den genauen biochemischen Vorgängen interessierten Leser sei an dieser Stelle das Buch von Dr. Michael Worlitschek »Praxis des Säure-Basen-Haushalts« empfohlen (→ Bücher, die weiterhelfen, Seite 92).

Das beste Rezept der Welt – Muttermilch

Die Nieren eines Säuglings können den Mineralstoff- und Säure-Basen-Haushalt noch nicht regulieren. Die Muttermilch hat deshalb einen Säuregrad, der den Stoffwechsel nicht belastet – was daran deutlich sichtbar wird, daß der pH-Wert des Urins bei gestillten Kindern bei 8,0 bis 8,5, also weit im basischen Bereich liegt. Die Muttermilch ist also die optimale Ernährung für Neugeborene.

Nichts geht über Muttermilch

Aus der Geschichte des Säure-Basen-Haushalts

Schon lange bekannt

In der Naturheilkunde ist der Ausgleich des Säure-Basen-Haushalts die Grundlage der Behandlung. Schon Paracelsus erkannte im 15. Jahrhundert die Wichtigkeit vollwertiger, naturnaher Lebensmittel, die unsere Körpersäfte stärken. Um die Jahrhundertwende erarbeitete der österreichische Arzt Dr. Franz Xaver Mayr Fundamentales über die Verdauungslehre und wies immer wieder auf den Ausgleich des Säure-Basen-Haushalts hin.
In den zwanziger Jahren unseres Jahrhunderts brachte Ragnar Berg, ein schwedischer Ernährungsforscher, den Mineralstoffwechsel und die Spurenelemente in den Mittelpunkt der Diskussion. Schon damals wurde über den Sinn und Unsinn von Säuren und deren Umsetzung bei der Ernährung heftig diskutiert. Auch die Forschungen von Ernährungs- beziehungsweise Säure-Basen-Pionieren wie Maximilian Bircher-Benner oder Friedrich Sanders ergaben zwar eindeutig die Wichtigkeit eines ausgeglichenen Säure-Basen-Haushalts, konnten aber den geforderten endgültigen wissenschaftlichen Nachweis dafür nicht liefern.
So ist die schleichende, krankmachende Übersäuerung ein Begriff der Naturheilkunde und Ganzheitsmedizin geblieben. Die Schulmedizin dagegen beschäftigt sich bis heute fast nur mit kompletten Entgleisungen des Stoffwechsels, bei denen extreme Säure-Basen-Verschiebungen, die Azidose bei Entgleisung ins Saure und die Alkalose bei Entgleisung ins Basische, intensivmedizinisch behandelt werden müssen.

Extreme Entgleisungen

Was beeinflußt die Säure-Basen-Balance?

Wie in einem Heizkraftwerk fallen in unserem Körper durch Verbrennung, also durch Verstoffwechselung, die Stoffwechselschlacken an, die abtransportiert und ausgeschieden werden müssen. Das wohl bekannteste Beispiel für ein solches Abfallprodukt ist die sich nach intensiver körperlicher Anstrengung in unserer Muskulatur ansammelnde Milchsäure. Beim Untrainierten kann eine ungewöhnlich große Menge an Milchsäure nicht abtransportiert werden, da seine Durchblutung für solche Situationen nicht ausreicht – und das macht sich dann als »Muskelkater« bemerkbar.

Milchsäure

Neben der Ablagerung solcher physiologischer, also völlig normaler Stoffwechselschlacken kann es auch zu vermehrter Säureanreicherung aufgrund körperlicher Fehlfunktionen kommen. Hierzu zählen vor allem die normalerweise nicht anfallenden Schlacken bei einer fehlerhaften Arbeit des Darms, an der eine durch Umweltgifte, Arzneimittel, Fehlernährung und säuernde Lebensmittel massiv gestörte Darmflora großen Anteil hat (→ Seite 22).

Darmschäden

Den Ausgleich zwischen sauren und basischen Verhältnissen steuern vor allem die körperlichen Ausscheidungswege (→ Seite 10), die Säuren und Basen je nach Bedarf aus dem Körper abtransportieren oder zurückhalten. Bleiben zu viele Stoffwechselschlacken in den Organen angesammelt, sei es wegen zu schneller Zufuhr oder wegen einer körperlichen Fehlfunktion, dann gerät der gesamte Säure-Basen-Haushalt aus dem Gleichgewicht.
In einigen Bereichen haben wir durchaus die Möglichkeit, in den Säure-Basen-Haushalt einzugreifen, nämlich über die Ernährung, die Bewegung und die Lebensweise.

Die Ernährung

Auf das Endprodukt kommt es an

In der heutigen Gesellschaft ist es leicht, unter ständiger Säureüberflutung zu leiden. Denn neben der Regulation durch Blut, Lunge und Nieren fällt der Ernährung die wohl wichtigste Rolle im Säure-Basen-Haushalt zu. Die Lebensmittel werden in Säure- und Basenbildner aufgeteilt, je nachdem, ob ein basisches oder ein saures Endprodukt nach der Verarbeitung im Körper anfällt. Mineralstoffe

und Spurenelemente wirken auf diese Weise basisch, während Eiweiße und Kohlenhydrate die Säurebildung verstärken. Tierisches Eiweiß führt im Magen zu noch stärkerer Salzsäureausschüttung als pflanzliches.
Auf unserem Speisezettel stehen zuviel säurebildende Kohlenhydrate und Eiweiße und zuwenig basenbildende Gemüse- und Obstsorten. Die täglich verzehrte Menge an Zucker, Weißmehl und Fleisch steht meist im Mißverhältnis zu der Menge an Gemüse und Obst.
Neben der Eiweiß- und Kohlenhydratüberernährung tragen Genußmittel wie Alkohol, Kaffee, schwarzer Tee, Nikotin und koffeinhaltige Limonaden noch zusätzlich zur chronischen Übersäuerung bei.

Reifes Obst und Gemüse – die besten Basenbildner.

Die Getränke

Mindestens 1,5 Liter täglich trinken

Die empfohlene tägliche Mindesttrinkmenge von 1,5 Liter Flüssigkeit, die für ein ausgeglichenes Säure-Basen-Verhältnis notwendig ist, wird von den meisten Menschen massiv unterschritten, so daß die Nieren gar nicht in der Lage sind, die erforderlichen Mengen an Schlackenstoffen auszuschwemmen. Außerdem werden anstelle des Basen bildenden oder gar Basen enthaltenden Mineralwassers Kaffee, hochkonzentrierte und mit Zuckerzusätzen versehene Obstsäfte, alkoholische Getränke oder Limonaden getrunken, die unseren Körper übersäuern.

Die Bewegung

Darm und Bewegung

Ein ausgeglichenes körperliches Training regt den gesamten Organismus an. Das Herz-Kreislauf-System, das Binde- und Stützgewebe, die Haut und die Lungen werden bei angemessener körperlicher Bewegung angeregt und gestärkt. Auch der Darm ist in seiner Funktionsfähigkeit von körperlicher Bewegung abhängig.
Bei der körperlichen Tätigkeit wird Kohlensäure über die Lunge abgeatmet. Wurden ausreichend Basen über die Kost aufgenom-

men, stehen sie jederzeit zur Verfügung, die Plätze der abgeatmeten Säuren zu besetzen. Auch der Abtransport der Milchsäure aus der Muskulatur wird beschleunigt. Daher ist es empfehlenswert, vor

Vorsorge

körperlicher Betätigung basische Lebensmittel zu essen, um einen ausreichenden »Vorrat« anzulegen.

Schwitzen ist keine abstoßende Erscheinung bei Sportfanatikern, sondern ebenfalls eine wunderbare körpereigene Fähigkeit, Giftstoffe auszuleiten. Mit dem Schweiß werden Schlackenstoffe abgegeben, die Haut wird gereinigt und erhält dank der vermehrten Durchblutung ein besseres Aussehen.

Sollten Sie jedoch Ihr Training übertreiben, Ihren Körper damit überlasten, dann ist Ihr Puffersystem (→ Seite 9) überfordert; das führt zu meist lokalen Übersäuerungszuständen, die Sie als Muskelschmerzen oder gar Krämpfe spüren.

Frische Luft beim Sport

> Bei körperlicher Belastung, bei der Sie schwitzen, sollten Sie unbedingt auf ausreichende Sauerstoffzufuhr achten und darauf bedacht sein, die verlorene Flüssigkeit auszugleichen. Besonders geeignet sind kohlensäurefreie Mineralwässer.

Die Lebensweise

Es ist wichtig, unseren Körper und unsere Seele als Ganzes zu sehen. Nur so können wir ein Gleichgewicht herstellen, in dem wir die Säure-Basen-Balance erreichen und erhalten können.

Seelische Hochspannungen vergiften im wahrsten Sinne des Wortes den Organismus, sie lassen ihn sauer werden. Nicht nur, weil wir innerlich übersäuern, sondern auch, weil wir uns in Zeiten der Bedrängnis schlecht ernähren, je nach Persönlichkeitsstruktur zuwenig oder zuviel essen. Wir muntern uns in einer solchen Situation mit Seelentröstern wie Süßigkeiten, Alkohol und Zigaretten auf und verstärken unser Leid durch Mangel- oder Fehlernährung.

Eine ausgeglichene, positive Lebenseinstellung, die uns Herausforderungen annehmen, aber auch Möglichkeiten der Entspannung

Positive Einstellung

erkennen und nutzen läßt, ist bei der Harmonisierung unseres Lebens nötig. Die alltägliche Hast beeinflußt unsere Säure-Basen-Balance massiv – direkt, indem sie die Hausfrau eher zu Konserven als zu Frischkost greifen läßt, oder indirekt, indem mehr Mineralstoffe vom Körper verbraucht werden.

Die Messung des Säure-Basen-Standes

In Speichel und Urin

Während im Blut wegen der ausgezeichneten Pufferung außer bei extremen Stoffwechselentgleisungen (→ Seite 11) der pH-Wert immer konstant bleibt, finden sich im Speichel und im Urin deutliche Schwankungen – und hier können sie auch recht einfach selbst beobachtet werden.
Welcher pH-Wert jedoch tatsächlich direkt in der Umgebung der Zellen und in den Zellen herrscht, kann nur mit komplizierten Messungen festgestellt werden.

Im Labor

Nur bei schwerer Entgleisung

Sehr genaue Meßmöglichkeiten stehen im Labor zur Verfügung. Der Arzt kann neben dem pH-Wert des Blutes auch die Pufferfähigkeit von Gewebsflüssigkeiten bestimmen. Diese sehr genauen Untersuchungen sind schwierig und zeitaufwendig und sind im allgemeinen nur bei einer schweren Entgleisung des Säure-Basen-Haushalts erforderlich.

Selbstkontrolle durch Urin-pH-Messung

Teststreifen gibt es in vielen Formen.

Mit einer viel einfacheren, wenn auch etwas weniger genauen Meßmethode können Sie selbst den Säuregrad Ihrer Körperflüssigkeiten feststellen: mit einem in jeder Apotheke erhältlichen Teststreifen zur Urin-pH-Messung.
Der Teststreifen sollte einen pH-Bereich von 5,0 bis 8,0 abdecken. Achten Sie beim Kauf darauf, daß die verschiedenen pH-Stufen durch deutliche Verfärbung des Papiers gut erkennbar werden.
In der Praxis habe ich optimale Erfahrungen mit einem Endlos-Teststreifen gemacht, aufgerollt in einem praktischen Papierspender mit aufgedruckter Farbskala, der aus zwei Komponenten besteht – einem sich grün-blau und einem sich rotviolett verfärbenden Bereich.

Hiermit lassen sich auch kleinste pH-Schwankungen des Urins gut testen. Es soll an dieser Stelle aber kein Produkt favorisiert werden. Bitte lassen Sie sich in Ihrer Apotheke beraten.
Je nachdem, was Ihnen lieber ist, können Sie das pH-Papier entweder direkt kurz in den Urinstrahl halten oder zunächst den Urin in einem Gefäß auffangen und den Teststreifen dann eintauchen – allerdings sollte auch das nur kurz erfolgen, damit das Ergebnis nicht verfälscht wird! Vergleichen Sie die Farbveränderung mit der Farbskala, die den Teststreifen beigefügt ist, und lesen Sie den pH-Wert direkt ab.

Direkt abzulesen

Welcher pH-Wert sollte erreicht werden?

Im Gegensatz zum Blut, dessen pH-Wert konstant bleiben muß, ändert sich der pH-Wert des Urins ständig. So sind Meßwerte von 5,0 bis 8,0 möglich – also der gesamte Meßbereich Ihres pH-Papiers –, ohne daß sofort auf eine chronische Übersäuerung geschlossen werden kann. Wie unser Biorhythmus den Tages- und Nachtzeiten unterworfen ist, so sind auch bei Menschen, die im völligen Säure-Basen-Gleichgewicht leben, diese Schwankungsbereiche normal. Der Wert wird nach einer basenüberschüssigen Mahlzeit steigen, am frühen Morgen dagegen, nachdem lange keine Nahrung aufgenommen wurde, wird er sich in niederen Bereichen, nämlich bei 5,0 bis 6,5, bewegen.

Normale Schwankungen

Mein eigenes Tagesprofil

Mit einem einzigen pH-Wert eines Tages können auf keinen Fall Rückschlüsse auf die Gesamtstoffwechsellage gezogen werden. Es ist daher sinnvoll, mehrere Messungen durchzuführen und die Ergebnisse in ein Tagesprofildiagramm einzutragen. Siebenmal am Tag sollten Sie messen, um einen verwertbaren Überblick über den ganzen Tag zu erhalten:

Siebenmal täglich

vor dem Frühstück (6.00 bis 7.00 Uhr)
nach dem Frühstück (etwa um 10.00 Uhr)
vor dem Mittagessen (12.00 bis 13.00 Uhr)
nach dem Mittagessen (15.00 bis 18.00 Uhr)

vor dem Abendessen (18.00 bis 20.00 Uhr)
nach dem Abendessen (20.00 bis 21.00 Uhr)
kurz vor dem Schlafengehen

Liegt der pH-Wert vor dem Frühstück und kurz vor dem Schlafengehen unter 6, ist dies kein Grund zur Besorgnis, sondern – wie links bereits beschrieben – ein normaler Tages- beziehungsweise Nachtrhythmus. Nach den Mahlzeiten sollten die Werte sich jedoch 7,4 annähern oder diesen Wert überschreiten.

Ausgleich nach den Mahlzeiten

In der folgenden Graphik können Sie sehr gut die Schwankungen des pH-Wertes im Tagesverlauf erkennen. Der gelbe Idealbereich zeigt auch, daß es zu jeder Tageszeit nicht nur einen Idealwert gibt und die Spannbreite – vor dem Frühstück ist ein Wert zwischen 5,0 und 6,5 ideal – sehr groß sein kann. Bei ausgeglichener, nicht übersäuerter Stoffwechsellage würde Ihr Tagesprofil sich bei jeder der sieben Messungen im gelben Idealbereich bewegen.

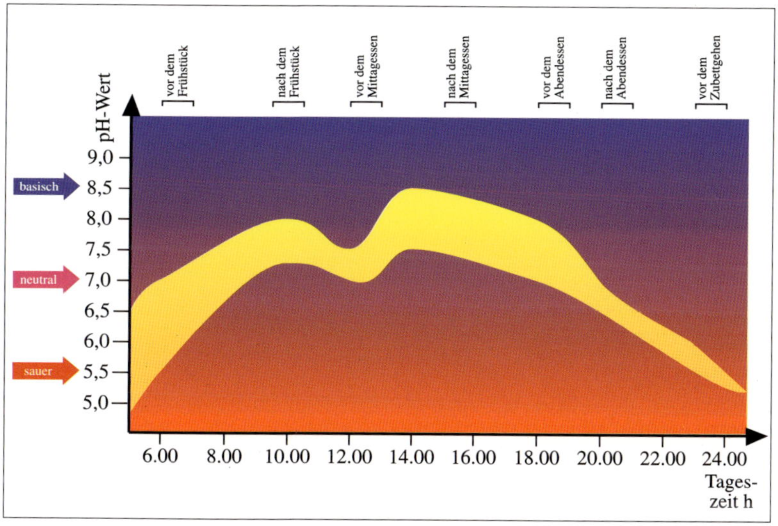

Das ideale Urin-pH-Tagesprofil liegt im gelben Bereich.

Schritt für Schritt zur Säure-Basen-Balance

Die folgenden Anleitungen, Hilfestellungen und Tips werden Ihnen helfen, eine chronische Übersäuerung abzubauen und ihr zukünftig entgegenzuwirken. So werden Sie lernen, wie Sie über Ihre Nahrung ein besseres Säure-Basen-Verhältnis in Ihrem Körper erreichen können. Auch Ausleitungs- und Entgiftungsverfahren haben wesentlichen Einfluß darauf. Aber bedenken Sie: Ihre Lebensweise, das Gleichgewicht zwischen Anspannung und Entspannung, muß ebenfalls ein wichtiger Bestandteil Ihrer Bemühungen sein. Nur Sie selbst können für Ihre eigene Person Ihr individuelles und ureigenes Gleichgewicht finden.

Wichtiges für die Praxis

Entsäuerung – was ist das?

Versuchen Sie, den Säuregrad Ihrer Körperflüssigkeiten so zu verändern, daß Sie eine Säure-Basen-Balance erreichen. Das zeigt sich in einem Urin-pH-Tagesprofil (→ Seite 16) mit Werten um 7,4 nach den Mahlzeiten. Eine Entsäuerung erfolgt in drei Schritten:

Drei Schritte

- Bestandsaufnahmen der momentanen Situation (pH-Tagesprofil, Beleuchten von Lebensgewohnheiten und psychischen Belastungsfaktoren)
- Umstellung der Ernährung (basische Kost, großer Nahrungsmittelplan mit Säure-Basen-Einteilungen, basische Getränke, Trennkost) mit gleichzeitiger Darmsanierung
- Säure-Basen-Balance im Alltag – harmonisches Leben, harmonische Kost (Erlernen und Anwenden von Entspannungs- und Ausleitungsverfahren, Bewegungsübungen)

Wie zeigt sich der Erfolg?

Recht schnell werden

- sich Ihr Allgemeinbefinden bessern,
- die seelische Spannkraft zunehmen,
- Verdauungsstörungen abnehmen, falls sie durch Übersäuerung verursacht wurden,
- Kreislaufstörungen in Form von kalten Händen und Füßen oder Migräne abklingen oder sogar ausbleiben.

Schöne Haut, Nägel und Haare als langfristige Erfolge.

Langfristig werden

- das Immunsystem gestärkt,
- Haut, Haare und Nägel vitalisiert,
- Karies an den Zähnen verhindert und das Zahnfleisch besser durchblutet,
- Heilvorgänge bei chronischen Prozessen beschleunigt,
- die Muskulatur geschmeidig und schmerzfrei,

- die Beschwerden bei chronischen Erkrankungen wie Gicht oder Rheuma gebessert,
- der weitere Knochenabbau bei Osteoporose gebremst,
- und als wichtigstes: Gesundheitsstörungen verhindert.

Gegen Osteoporose

Sind kurzfristige Übersäuerungszustände gefährlich?

Kurzfristig schadet eine Veränderung des pH-Wertes nicht. Nur die anhaltende schleichende Übersäuerung wirkt der Gesunderhaltung oder Gesundung entgegen, Ihrem Körper wird die Möglichkeit zur Regeneration erschwert. Lediglich die bei schweren Erkrankungen auftretende klinische Azidose mit Verschiebungen des Blut-pH-Wertes in den sauren Bereich bedarf einer sofortigen intensivmedizinischen Behandlung.

Ausnahmen werden verkraftet

Aber auch wenn Sie langfristig einen ausgeglichenen Säure-Basen-Haushalt anstreben, erlauben Sie sich hin und wieder ruhig eine Ausnahme, genießen Sie zum Beispiel bei festlichen Anlässen die angebotenen Gaumenfreuden. Schöne Erlebnisse sind Balsam für die Seele. Nur denken Sie immer daran: Jedes Fest sollte auch ein Ende haben.

Wer kann die Säure-Basen-Balance anstreben?

Ein gesunder Mensch, der sein Wohlbefinden erhalten und Krankheiten vorbeugen möchte.
Ein bereits erkrankter Mensch, der seinen Körper unterstützen möchte, die bestehende Erkrankung zu heilen oder zu lindern.

Wer braucht ärztliche Hilfe beim Ausgleich des Säure-Basen-Haushalts?

Wer sich nicht sicher ist, ob die empfohlene Ernährungsumstellung, die beschriebenen Ausleitverfahren oder Techniken zur seelischen Entspannung für ihn geeignet sind, sollte seinen Arzt oder Therapeuten zu Rate ziehen.

Fragen Sie Ihren Arzt!

Generell empfiehlt es sich – nicht nur beim Kranken, sondern auch beim Gesunden –, ärztlichen Rat einzuholen, wenn es darum geht, bisherige Gewohnheiten aufzugeben, auch wenn diese noch so ungesund waren und die neue Lebensweise und Ernährungsform zu körperlichem und seelischem Wohlbefinden führen soll.

Bitte beachten Sie

Bei Krankheiten zum Arzt!

- Leiden Sie unter schweren Nierenfunktionsstörungen, dürfen Sie nur mit ärztlicher Zustimmung in jegliche Stoffwechselvorgänge, also auch die Säure-Basen-Balance, eingreifen.
- Müssen Sie wegen Blutgerinnungsstörungen ein Blutverdünnungsmittel einnehmen, zum Beispiel Marcumar, sollten Sie nur nach ärztlichem Rat ihre Ernährungsgewohnheiten ändern.
- Liegen schwere psychische Erkrankungen wie Magersucht, Eß-Brechsucht, andere Eßstörungen, Depressionen oder momentane starke psychische Belastungen vor, sollten Sie Ihren Therapeuten ebenfalls um Rat fragen.
- Haben Sie gerade eine schwere Erkrankung oder Operation überstanden, ist es zwar sehr wichtig, den Säure-Basen-Haushalt auszugleichen, Sie sollten jedoch Ihren Therapeuten von Ihrem Vorhaben informieren und gegebenenfalls das Für und Wider mit ihm diskutieren.
- Ausleitungs- und Entschlackungsverfahren, zum Beispiel Darmreinigung oder Fasten, dürfen nur von Gesunden ohne therapeutische Unterstützung angewandt werden.
- Herz-Kreislauf-Kranke und Menschen mit zehrenden Erkrankungen, die mit Gewichtsverlust einhergehen, zum Beispiel Krebs oder Aids, müssen ebenfalls individuell therapeutisch beraten und geführt werden.

Welche Rolle spielt der Darm?

Hilfreiche Darmflora

Die Wurzeln unserer Gesundheit liegen im Darm; Verdauungsstörungen können zu schwersten Schäden im gesamten Organismus führen. Im Darm leben Millionen von Mikroorganismen – allesamt »freundliche« Vertreter ihrer Art –, die einen Teil der Verdauungsarbeit übernehmen. Diese »Darmflora« leistet im Zusammenspiel mit den Verdauungssäften aus den an der Verdauung beteiligten Organen – Magen, Leber und Bauchspeicheldrüse –

wertvollste Arbeit bei der Nahrungsverwertung und -aufbereitung. Als wesentlicher Bestandteil des größten Immunorgans des Menschen ist die intakte Darmflora zudem bei der Abwehr von schädigenden Erregern und Giften von größter Wichtigkeit. Hier werden die Abwehrkräfte formiert. Die Widerstandskraft unseres Körpers gegen Krankheiten ist somit ganz eng mit einer gesunden Darmflora verknüpft.

Ursachen von Verdauungsstörungen

Neben Darmerkrankungen und Allergien, die beide zu Fehlfunktionen des Darms führen können, sind drei Auslöser von Verdauungsstörungen besonders hervorzuheben:

- übersäuernde Nahrung,
- krankmachende Hefepilze (zum Beispiel Candida albicans),
- Arzneimittel wie Antibiotika oder Chemotherapeutika, die die Darmflora schädigen oder gar abtöten.

Die freundlichen Bakterien benötigen in den verschiedenen Darmabschnitten optimale pH-Werte. Besteht die Nahrung zum Großteil aus Säurebildnern, sterben sie den Säuretod. An ihrer Stelle können Schmarotzer wie krankmachende Hefepilze gedeihen, die weniger empfindlich auf pH-Schwankungen reagieren. Diese krankmachenden Hefen können unseren Gesamtorganismus nachhaltig beeinflussen oder schädigen. An dieser Stelle sei auf mein Buch »Candida – Pilzinfektionen natürlich behandeln« verwiesen (→ Bücher, die weiterhelfen, Seite 92).

Was kommt zuerst: Darmsanierung oder Säure-Basen-Balance?

Zusammenhänge

Ohne gesunde Darmfunktion und Darmflora gibt es keine Säure-Basen-Balance – ohne Säure-Basen-Balance gibt es keine optimale Darmfunktion und Darmflora.

Liegen bei Ihnen Darmstörungen vor, sollten Sie mit Ihrer Therapeutin/ Ihrem Therapeuten die Vorgehensweise besprechen.

Die Regeneration der Darmflora und der Ausgleich eventueller Störungen sollte mit dem Erreichen der Säure-Basen-Balance Hand in Hand gehen.

■ Wie lange sollte die Säure-Basen-Balance eingehalten werden?
Sie sollten Ihrem Körper diese Wohltat ein Leben lang gönnen.

Der erste Schritt – die Bestands-aufnahme

Wir haben verlernt, Krankheiten als einen Hilferuf unseres Körpers zu deuten. Da wir weder über eingebaute Warnleuchten noch über andere Signalvorrichtungen verfügen, müssen wir uns wieder darauf besinnen, körperliche und seelische Symptome wahrzunehmen, einzuordnen und nicht im Keim zu ersticken. Wir glauben, Signale unseres Körpers und auch der Seele durch Arzneien kaschieren zu können, als ob wir über die Warnlichter am Armaturenbrett eines Autos ein Pflaster klebten, wenn sie blinken, anstatt den Schaden zu beheben. Wird zum Beispiel bei Kopfschmerzen oder Migräne nur eine Schmerztablette eingenommen, so wird das Symptom »Schmerz« zwar beseitigt, die Ursache aber nicht gesucht und somit der nächsten Schmerzattacke der Weg bereitet.
Wir müssen also versuchen, unserem Körper mehr Aufmerksamkeit zu schenken, seine Zeichen zu verstehen. Und dann müssen wir lernen, mehr Rücksichten auf seine Bedürfnisse zu nehmen.

Lernen Sie, Signale Ihres Körpers zu deuten.

Zeichen einer chronisch übersäuerten Stoffwechsellage

Wir können ihn nicht spüren und nicht sehen: Der pH-Wert unseres Körpers (→ Seite 8) führt wie der Blutzuckerspiegel und der Harnsäurewert nur bei einer massiven Entgleisung zu körperlichen Symptomen; bei Abweichungen innerhalb eines relativ großen Schwankungsbereichs sind keine eindeutigen Signale erkennbar. Daher sind lediglich bei schweren Erkrankungen klare Krankheitserscheinungen zu erwarten. Aber die Naturheilkundler sind überzeugt, daß auch geringe Abweichungen von der Norm, eine sogenannte »latente Entgleisung«, auf Dauer zu – oft unklaren – Beschwerden führen oder Wegbereiter für schwere chronische Erkrankungen wie Rheuma oder Gicht sind.

Schädigung auf Dauer

Allgemeine Krankheitszeichen

Anhaltende Abgeschlagenheit und Müdigkeit sollte Sie darüber nachdenken lassen, ob bei Ihnen eine dauerhafte Stoffwechselschädigung vorliegt. Fast jeder Funktionsstörung des normalen Stoffwechsels könnte eine seit Jahren bestehende chronische Übersäuerung vorausgegangen sein. Auch chronische Erkrankungen wie Rheuma und Gicht oder entzündliche Bindegewebsschäden (Kollagenosen), anhaltende Entzündungen oder gar Eiterungen, Durchblutungsstörungen in Form von ständig kalten Händen und Füßen oder Migräne deuten darauf hin. In diese Reihe gehören ebenso Neurodermitis, chronische Magen-Darm-Störungen und Pilzinfektionen. Sogar Hirn- oder Herzinfarkte können von einer langwierigen Übersäuerung des Körpers herrühren. Auf die Dauer werden die Knochen wegen des Mineralstoffabbaus instabil, die Haut wird fahl oder entzündlich verändert, die Haare werden matt oder können in schweren Fällen sogar ausfallen.

Viele schwere Krankheiten

Der Darm als häufigste Ursache

Oft liegt die ursächliche Störung im Darm (→ Seite 22). Darmstörungen zeigen sich in sehr unterschiedlichen Beschwerdebildern:

Häufig diffuse Störungen

- Blähungen
- Verstopfung
- Durchfall
- Magenbrennen, Erbrechen
- Sodbrennen
- Schluckauf
- Darmentzündungen
- Hämorrhoiden, Einrisse im Darmausgang
- Symptome der Selbstvergiftung wie chronische Abgeschlagenheit, Kopfschmerzen, Gliederschmerzen oder gehäufte Infektionen

Hilfen zur Diagnose

Für den Ungeübten ist es schwer, anhand von körperlichen Symptomen eine chronische Übersäuerung zu erkennen. Mit Hilfe der folgenden Checklisten wird es Ihnen leichter fallen, sich ein Bild von Ihrer Stoffwechsellage zu machen.

Checkliste 1

Diese Erkrankungen werden in der Naturheilkunde mit einem gestörten Säure-Basen-Haushalt in Verbindung gebracht:

Erkrankungen

- Gicht
- Allergien
- Arterienverkalkung
- Diabetes mellitus
- Bindegewebserkrankungen
- Osteoporose
- Migräne
- Rheuma
- Neurodermitis
- Herzinfarkt
- Krebserkrankungen
- Gallen-/Nierensteine
- Magen-Darm-Geschwüre
- Schmerzsyndrome

Checkliste 2

Diese Beschwerden werden mit einer chronischen Übersäuerung in Zusammenhang gebracht:

- geschwächtes Immunsystem, ständige Erkältungskrankheiten oder anhaltende Infektionen
- brüchige Nägel oder ständiger Nagelpilz
- brüchige, matte und stumpfe Haare oder Haarausfall
- blasse und fahle Haut, chronische Hautentzündungen oder Hauteiterungen
- chronisches Hautjucken oder Hautquaddeln
- Karies, chronisches Zahnfleischbluten oder Parodontitis
- Verdauungsstörungen mit Darmträgheit oder chronische Darmreizungen mit Blähungen
- saures Aufstoßen oder Magenschleimhautreizungen
- Hefepilzerkrankungen in Mund oder Magen-Darm-Trakt
- ständig kalte Füße und/oder Hände und/oder Migräne
- Muskelverhärtungen oder Verspannungen, vor allem im Bereich der Nacken-, Schulter- und Rückenmuskulatur
- ein sehr belastetes Nervensystem, leichte Reizbarkeit und Ermüdbarkeit, Antriebslosigkeit
- hohe Schmerzempfindlichkeit der Haut oder des Körpers, chronische Schmerzzustände, für die auch nach intensivem diagnostischem Vorgehen keine Ursache gefunden werden kann

Beschwerden einer chronischen Übersäuerung

Zuerst die pH-Werte im Urin

Liegen bei Ihnen eine Erkrankung oder Beschwerden vor, die mit einer Übersäuerung in Zusammenhang gebracht werden, sollten Sie ein Urin-pH-Tagesprofil (→ Seite 17) erstellen.

Erstellen Sie Ihr Tagesprofil

Teststreifen aus der Apotheke

Das Urin-pH-Tagesprofil (→ Seite 17) fertigen Sie an, indem Sie mit dem Indikatorpapier siebenmal täglich Ihren Urin testen und die Ergebnisse in die folgende Tagesprofilkurve eintragen.
Empfohlene Zeiten – die sich möglicherweise etwas verschieben, da einige Messungen vor oder nach den Mahlzeiten vorgenommen werden sollen – sind: 7.00, 10.00, 12.00, 15.00, 18.00, 20.00 und 22.00 Uhr. Tragen Sie Ihre Urin-pH-Werte mit Hilfe der Gitternetzlinien in die untenstehende Tabelle ein. Vergleichen Sie Ihre Kurve mit der im Hintergrund der Tabelle angedeuteten »Traumkurve«. Weicht sie mehrmals stark davon ab oder liegen Ihre Ergebnisse grundsätzlich außerhalb der Schwankungsbereiche der optimalen Werte zwischen 5,0 und 8,0, sollten Sie sich angespornt fühlen, etwas zu ändern. Sie werden sehen, es ist leichter, als Sie vielleicht im Moment denken!

Tragen Sie Ihre Werte in die Tabelle ein.

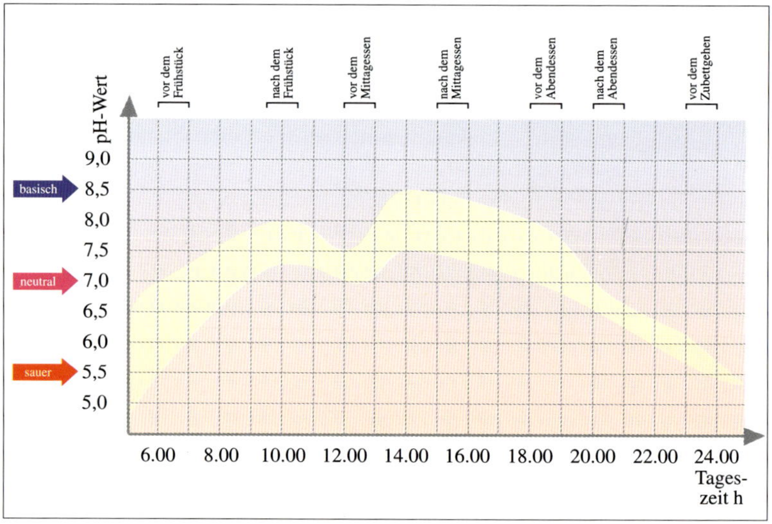

Der zweite Schritt – die Umstellung

Ernährung und Lebensweise

Um eine Balance zwischen Säuren und Basen in Ihrem Organismus zu erreichen, müssen Sie zwei Bereiche verändern: Ihre Ernährung und Ihre Lebensweise. Den wichtigsten Einfluß auf die Säure-Basen-Balance hat die Ernährung. Daher sollten Sie Ihre Ernährungsgewohnheiten durchdenken und den Inhalt Ihres Speisezettels mit den empfohlenen Lebensmitteln vergleichen. Seien Sie ehrlich zu sich selbst. Auch wenn Sie vielleicht dazu neigen, die eine oder andere Praline zu vergessen – Ihrem Körper können Sie nichts vormachen, er reagiert ernüchternd prompt.

Jede Ernährungsumstellung ist jedoch ein Eingriff in den Stoffwechsel, den Ihr Körper registriert. Sie sollten daher jede Neuregelung behutsam vollziehen, nicht plötzlich von einer Stunde auf die andere. Stehen starke Veränderungen in Ihrem Ernährungsverhalten an, sollten Sie diese unbedingt mit Ihrem Arzt oder Therapeuten besprechen.

Bereiten Sie Ihren Körper auf das Neue vor, indem Sie zunächst einen Entlastungstag einlegen (→ Seite 84).

Die Zusammensetzung basischer Kost

Am wichtigsten: frisch

Eine basenreiche Kostform setzt sich hauptsächlich aus schonend zubereiteter pflanzlicher Frischkost zusammen. Sie ist mineralstoffreich und enthält Spurenelemente, Vitamine und hochungesättigte Fettsäuren. Säuernde Lebensmittel wie Fleisch, Fisch, Eier, Käse, Getreide und Ähnliches (→ Säure-Basen-Tabellen, Seite 41 ff.) dürfen zwar prinzipiell gegessen, aber nicht im Übermaß genossen werden. Menschen, die sich aus gesundheitlichen oder ethischen Gründen ohne tierisches Eiweiß ernähren, sollten unbedingt beachten, daß sie die lebenswichtigen Eiweißstoffe in ausreichender Menge zu

Bitte beachten Sie

Ob Sie sich für eine ausgewogene vollwertige Mischkost (pflanzliche und tierische Produkte), vegetarische Kost (pflanzliche Produkte, Milch- und Eiprodukte und Ei), lactovegetabile Kost (pflanzliche und Milchprodukte) oder eine rein vegetabile Kostform (pflanzliche Produkte) entscheiden – achten Sie immer darauf, daß alle für Ihren Körper wichtigen Nahrungsbestandteile zugeführt werden. Fragen Sie im Zweifelsfall Ihren Arzt.

Achtung während der Schwangerschaft

sich nehmen. Eine gute Quelle hierfür ist Amaranth, das alte Inka-Getreide, denn es ist reich an notwendigen Aminosäuren.
Je nach Kostform kann auch ein Mangel an Folsäure entstehen, vor allem bei Schwangeren, die sich vegetarisch ernähren. Dieses wichtige Vitamin ist in grünen Blättern, Gemüse, Obst, Milch, Käse, Ei, Fleisch und Hefe enthalten und sollte unbedingt reichlich dem Körper zur Verfügung gestellt werden.

Jeder Mensch muß für sich selbst entscheiden, wie er sich ernähren möchte, ob er tierisches Eiweiß zu sich nehmen darf und will oder nicht. Wichtig ist: Sie können eine Säure-Basen-Balance erreichen, auch wenn Sie tierische Eiweiße essen – nur darf die verzehrte Eiweißmenge nicht besonders groß sein.

Was ist Trennkost?

Bei dieser von dem amerikanischen Arzt Dr. Howard Hay entwickelten Kostform werden eiweiß- und kohlenhydrathaltige Nahrungsmittel nur getrennt gegessen, um so die Verdauungssäfte optimal zu nutzen. Denn zur Verdauung von Eiweiß werden Säuren benötigt, zur Verdauung der Kohlenhydrate vermehrt Basen; beides kann der Organismus nicht gleichzeitig zur Verfügung stellen.
Bei der üblichen Mischkost mit viel Eiweiß entstehen zu viele Säuren, die unseren Körper zusätzlich belasten. Dadurch wird die Nah-

rung nur unzureichend verdaut, was im Darm zu Gärungsprozessen führen kann. Dies wiederum stört die Arbeit des Verdauungstrakts, die Folge sind Magen-Darmstörungen. Um dies zu verhindern, sollten Eiweiße und Kohlenhydrate jeweils nur mit einem neutralen Lebensmittel zusammen auf den Tisch kommen.

Erleichtert die Verdauung

Eine herausragende Regel der Trennkost ist außerdem, mittags eine eiweißreichere Kost zu essen, da der Magen damit stark belastet wird, und abends überwiegend zu leicht verdaulichen, kohlenhydratreichen Nahrungsmitteln zu greifen. Insgesamt sollten nach den Regeln der Trennkost basenbildende Nahrungsmittel überwiegen – sie sollten mit 80 Prozent den größten Teil unserer Nahrung ausmachen, säurebildende Nahrungsmittel hingegen nur etwa 20 Prozent (→ Seite 44).

Eiweißhaltige oder dem Eiweißstoffwechsel zugehörige Lebensmittel:

Erste Gruppe

- Fleisch, Fisch
- Meeresfrüchte in gegartem Zustand
- Eier, Milch
- Käse mit höchstens 50% Fett i.Tr.
- Sojamehl, Sojaflocken
- Kern-, Stein-, Zitrusfrüchte
- Ananas, Melonen, gekochte Tomaten
- Wein und Sekt

Kohlenhydrathaltige Lebensmittel:

Zweite Gruppe

- Getreide jeder Art (Weizen, Roggen, Grünkern, Gerste, Hafer)
- Buchweizen
- Kartoffeln, Topinambur
- Grünkohl, Schwarzwurzeln
- Bananen, Datteln, Feigen, Trockenobst, süße Äpfel
- Süßungsmittel, Honig, Stärke
- Bier

Neutrale Lebensmittel:

Dritte Gruppe

- kaltgepreßte Öle und Fette
- gesäuerte Milchprodukte wie Buttermilch, Joghurt, Kefir
- Käse mit über 50% Fett i.Tr., Frischkäse
- rohe oder geräucherte Wurst-, Fisch- und Fleischwaren
- Salate, Pilze und die meisten Gemüsesorten
- Gewürze: Kräuter- und Meersalz, Paprika, Muskat, Basilikum, Curry, Gartenkräuter, Vanilleschote, Anis, Fenchel

So kombinieren Sie die Lebensmittel:

Bei den Mahlzeiten werden eiweißhaltige Lebensmittel nur mit Eiweiß und neutralen Lebensmitteln (erste und dritte Gruppe) kombiniert, kohlenhydrathaltige nur mit Kohlenhydraten und ebenfalls neutralen Lebensmitteln (zweite und dritte Gruppe).

Ihre Mahlzeiten könnten dann so aussehen:

Frühstück: Müsli mit Obst (außer Bananen, Datteln oder Feigen) oder Vollkornbrot oder Knäckebrot mit Butter oder Margarine, Honig, Quark und Kräutern.
Mittagessen: Salate vor jeder Mahlzeit, mit Kräutern, Öl, Apfelessig und Zitrone, eventuell mit Buttermilch angerichtet. Eiweiß-Lebensmittel, möglichst nur von einer Eiweißart, zum Beispiel entweder Fisch oder Fleisch, Eier oder Käse. Dazu keine Kohlenhydrate wie Brot, Nudeln, Knödel oder Mehlspeisen. Kartoffeln sind nur in ganz geringen Mengen erlaubt.
Zwischenmahlzeit (frühestens nach drei Stunden): Brot mit Butter, Obst, Joghurt, Quark, Milch.
Abendessen: Salate vor der Mahlzeit, angerichtet mit Öl und Kräutern, Molkeessig statt Apfelessig oder Zitrone, mit Rahm- oder Buttermilchdressing.

Schonend für den Darm

Auch wenn diese Art der Ernährung nicht unbedingt Ihrem Geschmack entspricht, achten Sie wenigstens am Abend auf gut verträgliche Nahrungsmittelkombinationen, um Ihren Darm über Nacht zu schonen.

Wieviel und wie oft essen?

Drei Mahlzeiten am Tag sollten genügen. Das Frühstück kann üppig, das Mittagessen soll ausreichend, das Abendessen spärlich sein. Keinesfalls darf die Nachtruhe durch übermäßiges Essen am Abend gestört sein. Je nach körperlicher Konstitution können Zwischenmahlzeiten um 10.00 Uhr und um 15.00 Uhr hinzukommen, aber sie sollten nicht zu üppig ausfallen. Am Vormittag bietet sich hierzu der Genuß einer Frucht an, zum Beispiel Apfel, Banane oder Melone, am Nachmittag sind kalter oder warmer Gemüsesaft oder Gemüsebrühe wohlschmeckend und gut verdaulich.

Kleine Zwischenmahlzeiten

Gewöhnen Sie sich acht goldene Essensregeln an:

- Passen Sie Ihre Mahlzeiten Ihrem Tages- und Arbeitsrhythmus an.
- Nehmen Sie drei Hauptmahlzeiten zu sich.
- Essen Sie nur so viel, wie Ihr Körper tatsächlich braucht.
- Bereiten Sie die Mahlzeiten schmackhaft nach Ihren eigenen Vorlieben zu.
- Richten Sie das Essen schön fürs Auge her.
- Genießen Sie jede Mahlzeit in Ruhe und entspannter Atmosphäre.
- Kauen Sie gründlich und speicheln Sie die Nahrung gut ein.
- Lassen Sie zwischen einer körperlichen Belastung und dem Essen eine Pause von mindestens 30 Minuten.

Wieviel und was trinken?

Zwei Liter Flüssigkeit

Ein erwachsener Mensch sollte täglich mindestens eineinhalb, besser zwei Liter Flüssigkeit zu sich nehmen. Es eignen sich Kräutertees und kohlensäurefreie Mineralwässer.
Zu den Mahlzeiten sollten Sie nicht zu viel trinken, da der Speisebrei zu stark verdünnt und hierdurch der Verdauungsvorgang beeinträchtigt werden kann.

Was Sie über Wasser wissen sollten

Vier verschiedene Wassergruppen

Bestellen Sie hierzulande ein »Wasser« im Restaurant, erhalten Sie normalerweise ein mit Kohlensäure versetztes Mineralwasser. Nach der Verordnung über natürliches Mineral-, Quell- und Tafelwasser (MTV) von 1984 unterscheidet man zwischen vier Wassergruppen: **Mineralwasser** stammt aus unterirdischen Wasservorkommen und muß von Natur aus Mineralien und Spurenelemente in bestimmten Mindestmengen enthalten. Es kann ohne Kohlensäure vorkommen und auch ohne diese abgefüllt sein. »Natürliches kohlensäurehaltiges Mineralwasser« ist mit seinem ursprünglichen Gehalt an Quellkohlensäure abgefüllt, »natürliches Mineralwasser mit eigener Quellkohlensäure versetzt« ist nachträglich mit dem eigenen Quellvorkommen an Kohlensäure gesprudelt und »natürliches Mineralwasser mit Kohlensäure versetzt« ist mit fremder Kohlensäure versehen. Kohlensäure wirkt in unserem Körper säuernd. Das prickelnde, perlende Naß schmeckt zwar ausgesprochen erfrischend, ist aber ohne Kohlensäure basischer. Daher ist es schade, wenn ein gutes mineralstoffreiches, basenspendendes Mineralwasser durch den natürlichen Gehalt oder durch die Zugabe von Kohlensäure in seiner positiven Wirkung beeinträchtigt wird. Mit Rücksicht auf den Säure-Basen-Haushalt kann die Frage »mit oder ohne Kohlensäure« nicht rein nach Geschmack beantwortet werden, sondern sollte mit Blick auf die Gesundheit »ohne« lauten.

Der Gesundheit zuliebe ohne Kohlensäure

Unterschiedliche Mineralstoffgehalte

Auch nach den enthaltenen Mineralstoffen werden die Mineralwässer unterteilt, und zwar in Wasser mit »sehr geringem Gehalt«, mit »geringem Gehalt« und mit »hohem Gehalt« an Mineralstoffen. Steht auf der Flasche nichts, können Sie meist davon ausgehen, daß es sich um ein Wasser mit einem geringen oder sehr geringen Anteil an Mineralstoffen handelt.

Quellwasser stammt ebenfalls aus unterirdischen Wasservorkommen, muß aber keine Mindestmenge an Mineralstoffen oder Spurenelementen aufweisen.

Tafelwasser kann aus Leitungswasser, entsalztem Meerwasser, Sole oder Mineralwasser bestehen. Die Abfüllung darf überall erfolgen und nicht wie bei Mineral- und Quellwässern nur am Quellort.

Wasser als Arzneimittel

Heilwässer entstammen unterirdischen Wasservorkommen; sie enthalten von Natur aus heilwirksame Mineralien oder Spurenelemente, sind ursprünglich rein und ohne Zusätze. Nach Abfüllung in die Flasche gelten sie als Arzneimittel. Bei Heilwässern ist deshalb vorgeschrieben, daß auf den Etiketten die Anwendungsgebiete, die Gegenanzeigen, die Neben- und Wechselwirkungen und die Dosierungsanleitungen vermerkt sind. Bei Langzeitanwendung sollte ein Therapeut, der sich auf diesem Gebiet auskennt, zurate gezogen werden.

Was Sie über Brottrunk wissen sollten

Vollkornbrote aus Weizen, Roggen und Hafer – die Zutaten müssen unbedingt aus kontrolliert-biologischem Anbau stammen – werden nach einem von Wilhelm Kanne entwickelten Verfahren milchsauer vergoren. Das hieraus entstandene Produkt, der Kanne-Brottrunk, hat einen leicht säuerlichen Geschmack und ist reich an Mineralien, Spurenelementen und Vitaminen. Es enthält unter anderem Kupfer, Eisen, Zink, Kalzium, Magnesium, Kieselsäure und Selen. Zudem liefert der Brottrunk die Vitamine E, B_1, B_2, B_{12} sowie viele lebensnotwendige (essentielle) Aminosäuren – die bekanntesten sind Niacin und Folsäure. Der pH-Wert des Getränks liegt mit 3,0 im sauren Bereich.

Aktiviert den Organismus

Der in unserem Körper basisch verstoffwechselte Brottrunk wirkt aktivierend auf den gesamten Organismus, regeneriert die »freundlichen« Darmbakterien, erhöht die Sekretion von Verdauungsfermenten und hilft, den Körper zu entschlacken – ihn somit zu vitalisieren. Auch die Zellerneuerung soll durch die biologisch aktiven Substanzen wie essentielle Aminosäuren, Mineralstoffe, Spurenelemente, Vitamine, aktive Fermente und lebensfähige Milchsäurebakterien gefördert werden.

Vorsicht bei Allergien

Dieses wertvolle Produkt kann bei der Regulierung des Säure-Basen-Haushalts ausgesprochen hilfreich sein. Allerdings dürfen Sie nicht auf Bestandteile des Brottrunks allergisch sein! Sie sollten auch wissen, daß es zu Beginn des regelmäßigen Brottrunkgenusses – wie auch bei anderen biologischen Heil- und Ausleitverfahren – zu einer »Erstverschlimmerung« kommen kann. Das heißt, die ausgeschwemmten Schlacken führen zunächst zu einer vorübergehenden Verschlechterung des Allgemeinbefindens. Eine Möglichkeit, dies zu umgehen, besteht darin, daß Sie langsam mit der Brottrunkaufnahme anfangen. Je nach körpereigener Reaktionslage können Sie dreimal täglich 10 ml Brottrunk, gemischt mit der gleichen Menge kohlensäurefreiem Mineralwasser, trinken und die Menge dann mit der Zeit auf dreimal täglich 50 bis 100 ml, verdünnt oder unverdünnt, steigern.

Kleine Mengen allmählich steigern

Achten Sie auf Nahrungsmittelallergien

Unverträglichkeit nicht nur von Farbstoffen

Auch Ihre zukünftige Ernährung sollte frei sein von Bestandteilen, auf die Sie allergisch reagieren. Sollten Sie bereits den Verdacht haben, daß Sie bestimmte Nahrungsmittel nicht vertragen, daß Sie zum Beispiel mit Durchfall, Hautausschlag, Ekzem oder auch nur mit allgemeinem Unwohlsein auf manche Lebensmittel reagieren, lassen Sie bei Ihrem Arzt oder Therapeuten einen Allergie-Test machen. Kommt Ihr Darm immer weiter mit einem Allergie-auslösenden Stoff in Berührung, kann sich Ihre Darmflora (→ Seite 22) nicht erholen – und außerdem wird Ihr Immunsystem unnötig belastet. Besonders häufig sind Milcheiweiß-, Weizen-, Nuß-, Möhren- und Sellerieallergien. Denken Sie bei einer Milcheiweiß-Allergie daran, daß Sie nicht nur Milch in jeder Zubereitung wie Joghurt, Käse, Pudding, Eis meiden müssen, sondern auch versteckt in Pfannkuchen, Kartoffelpürree, Mayonnaise, Soßen, Ketchup, Backwaren, Schokolade, Süßwaren oder Wurstprodukten.

Auch Überempfindlichkeitsreaktionen auf Nahrungsmittelzusatzstoffe wie Konservierungsmittel, Farb- und Aromastoffe treten immer häufiger auf. Da die Lebensmittel auf Ihrem Speiseplan immer frisch (→ Seite 44) und frei von derartigen Beigaben sein sollten, werden diese Allergene in Zukunft keine Rolle mehr spielen.

Frisches braucht keine Zusatzstoffe

Änderungen in der Lebensweise

Neben den rein körperlichen Einflüssen auf den Säure-Basen-Haushalt dürfen wir jedoch nicht die Beeinflussung beziehungsweise Beeinträchtigungen durch die Seele außer Acht lassen; wir müssen unseren Körper immer als Ganzes, also gemeinsam mit seiner Seele – »Body & Soul« – sehen.

Wohlbefinden durch seelische Ausgeglichenheit

Die beste, ausgeglichenste Ernährung nützt wenig, wenn andauernd seelische Belastungen die Regulationsbemühungen des Körpers zusätzlich beanspruchen. Wollen wir zu einer ausgeglichenen Lebensweise finden, ist es gut, wenn wir lernen, seelische Sackgassen und Einbahnstraßen zu erkennen, in denen sich unsere Gedanken und Gefühle verirren können. Das soll nicht heißen, daß wir die Ängste und Ärgernisse einfach verdrängen und wegdrücken sollen, im Gegenteil – verborgene Nöte, die wir vermeintlich überwunden haben, setzen an unseren Wurzeln an und entziehen uns unsichtbar die Lebenskräfte. Deshalb sollten wir versuchen, negative Stimmungen zu erkennen und zu verstehen, damit sie nicht unbemerkt Besitz von uns ergreifen können.

Ursachen für negative Stimmungen erkennen …

Finden Sie die Ursachen, können Sie auch Lösungen ermitteln. Sie kommen viel leichter zu einer ausgeglichenen und meist freudigeren Lebensform, wenn Sie negative Stimmungen dann »dosiert rauslassen«. So werden sie sich nicht anstauen und auf einen womöglich zerstörerischen Gefühlsausbruch konzentrieren. Also schlucken Sie nicht alles wie »saures Seelenfutter« herunter, was Sie quälen könnte, sondern äußern Sie auch mal Ihre Not.

… und Lösungen finden

Denken Sie darüber nach, welche Situationen für Sie besonders belastend sind oder was dazu führen kann, daß Sie sich in Ihrer

Haut nicht wohlfühlen. Sorgen Sie für ausreichend Ruhe und Entspannungsmöglichkeiten (→ Seite 75), vor allem in Streßsituationen, damit Ihr Ziel – die Säure-Basen-Balance – nicht nach kurzer Zeit wieder der täglichen Hektik zum Opfer fällt. Denken Sie über Lösungsmöglichkeiten für Konfliktsituationen nach und machen Sie sich Gedanken darüber, ob Sie in der Lage sind, alleine oder besser im Gespräch mit anderen Ihre Schwierigkeiten zu bewältigen. Falls Sie der Auffassung sind, daß die Spannungsfelder so groß sind, daß sie für Sie alleine nicht überschaubar und entzerrbar sind, sollten Sie Hilfe von außen in Anspruch nehmen, sprich: in geeigneten therapeutischen Gesprächen Erleichterung finden.

In Ruhe zu sich finden, die Hektik hinter sich lassen.

Entspannungstechniken wie Autogenes Training, Yoga oder Meditation lassen sich anhand zahlreicher Bücher (→ Bücher, die weiterhelfen, Seite 92) oder aber mit professioneller Hilfe in Kursen erlernen oder vervollkommnen. Hierzu stehen in den Städten und Gemeinden verschiedene Anbieter zur Verfügung.

Wohlbefinden durch Bewegung

Bewegen und trainieren Sie Ihren Körper ausreichend? Bewegung verhilft Ihnen nicht nur zu körperlichem, sondern auch zu seelischem Wohlbefinden. Hierzu gehört nicht, wenn Sie in Ihrem Büro durch die Gegend eilen, Treppen rennen oder schwere Gegenstände tragen – das ist körperlicher und seelischer Streß!

Ausgleichssport – mindestens dreimal wöchentlich

Machen Sie sich Gedanken darüber, wann, wie und wo Sie mindestens dreimal wöchentlich zum Beispiel durch zügige Spaziergänge, Fahrradfahren, Schwimmen oder leichtes Muskeltraining anderer Art Ihren Stoffwechsel in Schwung bringen. Finden Sie körperliche Betätigungen, die Ihnen auch zukünftig zusagen werden, so daß Sie Freude, Spaß und Entspannung haben können (→ Seite 85).

Ernährung – die 8-Tage-Kur

Haben Sie mit Hilfe der Teststreifen festgestellt, daß Ihr Säure-Basen-Haushalt nicht so ausgeglichen ist, wie es wünschenswert wäre? Nachdem Sie sich auch mit den theoretischen Grundlagen vertraut gemacht haben, können Sie jetzt für acht Tage Ihren Körper und Ihre Seele, also »Body & Soul«, richtig verwöhnen. Denken Sie in diesen Tagen in erster Linie daran, was Sie sich Gutes tun und wie Sie Ihrer Säure-Basen-Balance auf die Sprünge helfen können. Nach Ablauf dieser Zeit werden sich sicher schon erste Erfolge bemerkbar machen, Ihr Befinden wird sich gebessert haben.

Verwöhnen Sie sich

Wichtigste Änderung gegenüber Ihren früheren Gewohnheiten wird wahrscheinlich die Umstellung Ihrer Ernährung sein, die Sie allerdings nicht vollständig von den Säure-Basen-Tabellen (→ Seite 41) abhängig machen sollten, denn: Was schmeckt, bekommt auch besser als ein ungeliebtes Mahl. Gleichzeitig sollten Sie auch langfristig an Veränderungen in Ihrer Lebensweise denken, die Körper und Seele zugute kommen.

Ernährung und Lebensweise

Die Ernährung

Damit Ihre Verdauungsorgane sich nicht allzu plötzlich auf die neue Situation einstellen müssen, legen Sie am besten vor Ihrer Acht-Tage-Kur einen Entlastungstag (→ Seite 84) ein. Danach aber sollten Sie sich voll auf die Regeln der Ernährung zur Säure-Basen-Balance konzentrieren.

Vorher ein Entlastungstag

Die Zubereitung der Speisen

Bitte beachten Sie bei jedem Umgang mit Lebensmitteln, daß es sich dabei um lebende und nicht um tote Produkte handelt.

Pflanzliche Mineralstoffe oder Spurenelemente wie Kalzium, Magnesium, Eisen, Phosphor, Natrium, Kalium oder Selen sollten nicht herausgewaschen, sondern durch schonende Zubereitung in den Nahrungsmitteln erhalten werden. Vitalstoffe wie Vitamine, Enzyme, ätherische Öle und hochungesättigte Fettsäuren sind hitzeempfindlich und sollten entsprechend behandelt werden.

Mineralien und Vitalstoffe schonen

Ernährung – die 8-Tage-Kur

Garen bei mäßigen Temperaturen

Garen ist nicht gleich Garen. Am meisten Nährstoffe und Vitamine bleiben erhalten, wenn das Gargut schnell auf Gartemperatur gebracht und dann bei mäßig hohen, gleichmäßigen Temperaturen gegart wird. Zu langes und zu heißes Garen zerstört Inhaltsstoffe. Leider hat sich in unseren Küchen die Elektrizität mit ihren supermodernen Hochtemperatur-Kochplatten breitgemacht, die das Kochgut zwar unverzüglich in sprudelnde Hektik bringen – von ruhigem Garen kann jedoch keine Rede mehr sein.

Schonende Zubereitung im Wok

Etwas schonender als Elektroherde gehen Gasherde mit den Lebensmitteln um, da die Temperatur hier sehr schnell fein reguliert werden kann. Eine gute Möglichkeit, behutsam zu garen, ist der chinesische Wok, am besten von einer Gasflamme geheizt. Durch die hohe Hitze am Wokboden ist die Garzeit sehr kurz und das Gargut verliert nur wenig Inhaltsstoffe.

Keine Mikrowellen

Vor allem möchte ich vom Gebrauch von Mikrowellen abraten. Die durch diese Garmethode erzeugten hohen Temperaturen im Kern der Lebensmittel schädigen die Zellstrukturen. Die Mikrowelle zerstört zudem ätherische Öle in Gewürzen und Kräutern, die für Geruch, Geschmack und Bekömmlichkeit der Speisen zuständig sind. Gehen Sie also schonend mit Nahrungsmitteln um, Ihr Körper wird es Ihnen durch baldige Vitalisierung danken.

Säure- und Basenbildende Lebensmittel

Nur wenig neutrale Lebensmittel

Es gibt auf unserem Speiseplan aber auch Lebensmittel, die dem Stoffwechsel keinerlei Probleme bereiten, da sie im Säure-Basen-Gleichgewicht eine neutrale Stellung einnehmen. Dazu gehören zum Beispiel kohlensäurefreies Wasser, naturbelassene Fette und kalt gepreßte Öle, frische Butter, frische Nüsse, Mandeln, grüne Bohnen und Hirse. Die meisten Lebensmittel jedoch werden entweder sauer oder basisch verstoffwechselt, sie erzeugen im Körper also Säuren oder Basen.

Säure-Basen-Tabellen

Diese Aufstellung von Lebensmitteln soll Ihnen als Orientierungshilfe dienen, wenn Sie sich selbst Gerichte nach der 80/20-Regel zusammenstellen möchten. Lebensmittel, die blau unterlegt sind, zählen zu den Basenbildnern, rot unterlegte zu den Säurebildnern.

Gemüse, Pilze, Hülsenfrüchte

Keimlinge/Sprossen	Kräuter
Spinat, roh	Weiße Bohnen, getrocknet
Rote Rüben	Lauch
Karotten	Kartoffeln
Gurken, frisch	Kopfsalat
Kohlrabi, Knollen	Chicoree
Zucchini	Rhabarber
Endivie, frisch	Bohnen, frisch
Blumenkohl	Pfifferlinge
Broccoli	Steinpilze
Radieschen	Rettich, weiß
Sauerkraut	Tomaten
Auberginen	Weißkraut
Feldsalat	Spinat, gekocht
Erbsen, grün	Champignons
Knoblauch	Grünkohl
Kürbis	Meerrettich
Paprika	Rotkraut
Wirsingkohl	Zwiebeln
Erbsen, getrocknet	Artischocken
Mais	Rosenkohl
Linsen	

Nüsse, Samen

Sonnenblumenkerne	Kürbiskerne
Maronen	
Cashewkerne	Pistazienkerne
Haselnüsse	Mandeln
Leinsamen	Sesam
Walnüsse	Erdnüsse

Ernährung – die 8-Tage-Kur

Fleisch, Fisch

Gans	Hammel
Ente	Pute
Schinken	Schweinefleisch
Hase	Kaninchen
Truthahn	Fische
Reh	Rindfleisch
Kalbfleisch	Hühnerfleisch

Milch- und Milchprodukte, Eier

Soja »Milch«	Frischmilch
Molke	Sahne, nicht hitzebehandelt
Buttermilch	Joghurt
Eigelb	Süßrahmbutter
Kefir	H-Sahne
H-Milch	Emmentaler
Hüttenkäse	Parmesan
Sauermilchprodukte (Sauerrahm, Dickmilch, Crème fraîche)	Camembert
Quark	Schaf- und Ziegenkäse
Vollei	Mozzarella
	Schmelzkäse

Getreide und Getreideprodukte

Sojamehl	Tofu
Amaranth	Hirse
Weizenmehl, Auszug	Cornflakes
Grünkern	Vollkornbrot
Vollkornprodukte	Schrotbrot
Maisstärke	Zwieback, weiß
Gerste	Knäcke
Kommißbrot	Weißbrot
Weizen, geschält	Weizengrieß
Haferflocken	Teigwaren
Schwarzbrot	Reis

Früchte

Getrocknete Früchte	Mandarinen
Grapefruit	Avocado
Zitronen	Stachelbeeren
Orangen	Trauben
Ananas	Aprikosen
Bananen, reif Himbeeren	Brombeeren
Kiwi	Johannisbeeren, rot und schwarz
Mango	Melonen
Pfirsiche	Pflaumen
Kirschen	Mirabellen
Birnen	Erdbeeren
Äpfel	Heidelbeeren

Getränke

Schwarztee, langgezogen (mindestens vier Minuten)	Kräutertee
Getreidekaffee	Mineralwasser, ohne Kohlensäure
Bier	Wein, trocken
Kaffee	Mineralwasser, mit Kohlensäure
Schwarztee, kurzgezogen (bis zu drei Minuten)	Süße Limonade, Cola und ähnliches
Alkoholika	

Sonstige

Bäckerhefe, Bierhefe	Sojasauce
Rohrzucher	Birnendicksaft
Honig (echter Bienenhonig)	Sanddornsaft

Richtig essen

Um einen ausgeglichenen Säure-Basen-Haushalt zu erhalten, ist es nicht notwendig, daß Sie ausschließlich basenbildende Lebensmittel zu sich nehmen. Sie können weiterhin säuernde Lebensmittel wie Fleisch, Eier und Getreideprodukte essen, jedoch sollte deren Anteil keinesfalls mehr als 20 Prozent Ihrer Gesamtnahrung betragen. Auch eine Tasse Kaffee können Sie genießen, ohne gleich befürchten zu müssen, daß dies den gesamten Organismus ins saure Milieu treiben wird. Haben Sie neben diesen »Ernährungssünden« für eine ausreichende Basenzufuhr gesorgt, werden Sie – eine ausgeglichene Lebensweise vorausgesetzt – beim Urin-pH-Test feststellen können, daß das Verhältnis zwischen Säuren und Basen stimmt.

80/20-Regel nicht vergessen

Kontrollieren Sie den Urin

Natürlich entsprechen Genußmittel wie Kaffee, schwarzer Tee, Zuckerprodukte, gesüßte Säfte und auch Wurstwaren nicht den Richtlinien einer Vollwerternährung. Die Praxis zeigt jedoch, daß es wesentlich sinnvoller ist, langfristig eine weitgehend gesunde, das heißt basische Ernährung anzustreben, als extreme Verbote durchsetzen zu wollen, die zwar kurzfristig befolgt, auf Dauer aber nicht eingehalten werden.

Frische ist Trumpf

Der Mineral- und Vitalstoffgehalt bei einer basenüberschüssigen Ernährung ist abhängig von der Qualität des Produktes und der Zubereitung. Frische ist Trumpf! Jegliche Art der Konservierung beeinflußt die Inhaltsstoffe. Lediglich bei gedörrtem Obst und bei milchsauervergorenem Gemüse sind die Basenüberschüsse nur wenig beeinträchtigt.

Keine Konserven

Kaufen Sie Produkte aus kontrolliert-biologischem Anbau und achten Sie darauf, daß die zum Verzehr vorgesehenen Obst- und Gemüsesorten keine allzu großen Entfernungen haben zurücklegen müssen. Jede Frucht und jedes Gemüse verliert an Vitalität, wenn es tage-, manchmal sogar wochenlang in Kisten verpackt um die halbe Welt geschippert oder geflogen wird. Versorgen Sie sich nur mit Produkten der Saison und verarbeiten Sie diese möglichst rasch. Vermeiden Sie auch unnötiges Wässern und lassen Sie vorbereitetes Gemüse nicht zu lange stehen – Luft und Licht sind Vitamin- und Mineralstoff-Killer!

Kurze Transportwege

Das Leben nach Saison

Jede Jahreszeit hat ihre besondere Küche. Und auch unser Körper scheint sich diesem Rhythmus angepaßt zu haben.

Im Winter weniger Obst …

So vertragen wir in der kalten Jahreszeit zum Beispiel viel weniger Obst als im Sommer – und dementsprechend ist unser Bedürfnis danach deutlich geringer.

Die Wintergemüse (Grünkohl, Blumenkohl, Feldsalat, Porree, Zwiebel, Sellerie, um nur einige zu nennen) schmecken in »ihrer« Jahreszeit besonders gut.

… vom Salat nur das Grüne

Treibhaussalate mit ihrem hohen Nitratgehalt sollten in der dunklen Jahreszeit dagegen weniger gegessen werden; wollen Sie dennoch nicht darauf verzichten, dann essen Sie nur die grünen Blatteile, da die Rippen besonders belastet sind.

Keimlinge und Sprossen sind im Winter eine willkommene Abwechslung, Frisches auf den Tisch zu bringen. Da diese kleinen »Kraftwunder« und »Vitaminbomben« sehr einfach zu Hause zu züchten und für den Säure-Basen-Haushalt besonders empfehlenswert sind, möchte ich Ihnen die Sprossenzucht etwas näher bringen.

… dafür mehr Sprossen

Sprossen schmecken frisch und sind gesund

Es macht Spaß, Sprossen und Keime wachsen zu sehen, doch noch größer ist der Genuß dieser vitamin- und mineralstoffreichen Winzlinge. Sie enthalten Ballaststoffe, Zucker und schwer lösliche Stärke, die während der Verdauung nur langsam abgebaut wird.

Geballte Nährstoffe

Ihr Vitamin- und Mineralstoffgehalt steigt während des Keimvorgangs stark an.

Außer Kichererbsen und Mungobohnen können alle Sprossen roh gegessen werden, sie behalten so ihre volle Kraft.

Das Keimen im Keimgerät

Von den im Handel angebotenen Keimgeräten sind Geräte mit drei Keimschalen ideal, weil man in den übereinander angeordneten Schalen verschiedene Sprossen in verschiedenen

Ernährung – die 8-Tage-Kur

Entwicklungsstadien züchten kann. Die Schalen müssen nach jedem Gebrauch gründlich gereinigt werden, da sich in den Rillen Bakterien und Pilze ansammeln können.

Jedesmal reinigen

Tip: Ziehen Sie in der obersten Schale Rettich- oder Radieschen-Sprossen, sie sind bakterien- und pilztötend und wirken regelrecht desinfizierend.

Keimgerät selbst gebaut

Die einfachste und billigste Methode ist das Keimen im Weckglas: Sie benötigen ein Glas, Gummiringe und einen grobporigen Stoff, zum Beispiel Gaze. Zunächst werden die Samen in handwarmem Wasser sechs bis zwölf Stunden eingeweicht. Danach befestigen Sie die Gaze mit einem Gummiring auf dem Glas und lassen das Wasser ablaufen. Es darf kein Wasser im Glas verbleiben. Zwei- bis dreimal täglich werden die Sprossen nun mit klarem Wasser gut durchgespült und abgegossen.

Nicht im Wasser liegen lassen

Eine kleine Auswahl verschiedener Sprossen

Die gebräuchlichsten Samen und Kerne sind: Weizen, Kürbiskerne, Kresse, Alfalfa, Sonnenblumenkerne, Leinsamen, Kichererbsen, Azukibohnen, Sesam, Linsen, Hirse, Bockshornklee, Senf, Mungobohnen, Hafer, Buchweizen, Roggen, Rettich, Gerste, Erbsen.

Bitte beachten Sie

Gewöhnen Sie Ihren Körper langsam an Sprossen, falls Sie sich bislang hauptsächlich von ballaststoffarmen Nahrungsmitteln ernährt haben. Ihr Darm muß erst lernen, das neue Nahrungsangebot aufzuschließen.

Alfalfa (Luzerne)

Sie ist die Königin der Sprossen, besonders reich an Vitamin C und E und an Mineralstoffen wie Phosphor, Eisen, Kalzium, Magnesium, Kalium und Selen.

Sehr viele Vitamine und Mineralstoffe

Buchweizen

Buchweizen ist reich an Stärke, Eiweiß, Vitaminen der B-Gruppe und Niacin und enthält Kalium, Phosphor, Magnesium und Eisen. Sie sondern viel Schleim ab und müssen deshalb häufig durchspült werden.

Kresse

Sie ist reich an Vitamin A, Vitaminen der B-Gruppe, Vitamin C und Niacin und enthält Mineralstoffe wie Kalium, Kalzium, Eisen und Phosphor. Kresse

Braucht ein besonderes Keimgerät

sondert beim Keimen besonders viel Schleim ab und sollte daher nur in speziellen Keimgeräten oder Keimschalen, die Sie im Handel bekommen, gezogen werden.

Linsen

Schimmeln leicht

Diese kleinen Früchte sind reich an Vitamin A, Vitaminen der B-Gruppe und Niacin. Neben Kalium, Eisen und Phosphor enthalten sie hochwertiges pflanzliches Eiweiß. Am besten keimen die kleineren Linsen – die großen Früchte setzen leicht Schimmel an.

Mungobohnen

Vor dem Verzehr blanchieren

Diese Sojabohnenart ist reich an den Vitaminen A, E und B, an Mineralstoffen wie Eisen, Phosphor, Kalium, Magnesium und Kalzium. Da sie roh geringe Mengen eines natürlichen Giftes enthalten, das durch Hitze abgebaut wird, sollten Sie vor dem Verzehr immer drei Minuten gegart werden.

Rettich

Wird schnell zu scharf

Dieser Samen enthält reichlich Vitamine der B-Gruppe sowie viel Vitamin C, außerdem Niacin und Mineralstoffe wie Kalium, Kalzium, Eisen und Natrium. Er wirkt desinfizierend und pilztötend.

Keimen im Weckglas: ideal zum Ausprobieren.

Weizen

Zum raschen Verzehr

Im gekeimten Zustand ist Weizen sehr süß. Er enthält Vitamine der B-Gruppe, die Vitamine A und E, Niacin und Mineralstoffe wie Eisen, Phosphor, Kalium und Kalzium. Weizen neigt leicht zum Bakterien- und Pilzbefall.

Die folgenden Rezepte ...

Die nachfolgenden Rezepte sind als Anregung für die Acht-Tage-Kur gedacht und können nach persönlichem Geschmack und nach Saison verändert werden. Versuchen Sie aber immer, die 80/20-Regel zu berücksichtigen, wobei Ihnen die Säure-Basen-Tabellen auf den Seiten 41 bis 43 helfen.

Acht Tage basisch genießen

Erster Tag

Sie haben bereits Ihren Entlastungstag hinter sich und beginnen heute mit der Acht-Tage-Kur. Doch keine Angst – Sie werden jeden einzelnen Tag genießen.
Sie starten mit einem kernigen Obstmüsli in den Tag, das lange vorhält und einfach prima schmeckt. Wenn Sie sich nicht für Müsli begeistern können, finden Sie alternativ herzhafte Brotrezepte auf Seite 50 und 60.
Was tun, wenn Sie zwischendurch der kleine Hunger überkommt? Auch das ist kein Problem, die »sündhaften« Kleinigkeiten wie Schokolade, Kuchen oder Kekse werden einfach durch Obst ersetzt. Wichtig ist dabei, daß das Obst reif geerntet wurde und daß Sie es in »Monoform«, also immer nur eine Obstsorte gleichzeitig, zu sich nehmen.
Und für alle Gerichte gilt: Lassen Sie sich beim Essen Zeit, essen Sie sich satt aber nicht übersatt, und kauen Sie immer sehr sorgfältig.

Zum Frühstück

Obstmüsli

Für 2 Portionen

2 EL Sonnenblumenkerne • 1 EL ungeschwefelte Rosinen • 1 reife Birne • 1 reife Banane • 3 EL Sahne oder Joghurt • 2 EL Cornflakes • 2 EL gepuffter Buchweizen • Birnendicksaft zum Süßen nach Belieben

Sonnenblumenkerne und Rosinen am Vorabend mit Wasser bedecken und über Nacht einweichen. Am Morgen die Birne waschen, die Banane schälen und beide würfeln. Mit den eingeweichten Sonnenblumenkernen und Rosinen in eine Schüssel geben, vermengen und mit der Sahne oder dem Joghurt vermischen. Mit Cornflakes und gepuffertem Buchweizen bestreuen und nach Belieben mit Birnendicksaft süßen.

• **Mein Tip:** Trinken Sie bereits vor dem Frühstück ein Glas stilles Mineralwasser – es aktiviert Ihren Magen und regt die Verdauung an.

Zum Mittagessen

Blumenkohlgratin mit Pellkartoffeln

Für 4 Portionen (Foto)

4–5 mittelgroße vorwiegend festkochende Kartoffeln • 1 mittelgroßer Blumenkohl • 1 l Gemüsebrühe • 2 Eigelbe • 125 g Sahne • 2 EL geriebener Parmesan • Salz • Pfeffer • 1 Prise Muskatnuß • 1/2 Bund Petersilie • Butter für die Form

Die Kartoffeln waschen und in reichlich Salzwasser gar kochen. Abgießen, pellen und warm halten. Den Blumenkohl in Röschen teilen, waschen und etwa 10 Minuten in der Gemüsebrühe bißfest garen. Eine Auflaufform einfetten. Die Kartoffeln halbieren und mit dem Blumenkohl darin verteilen. 1/2 Tasse Gemüsebrühe in die Form gießen. Eigelbe, Sahne, Parmesan und Gewürze verrühren und über das Gemüse gießen. In den Ofen (Mitte) schieben und bei 200° C (Umluft 180° C) in 12 Minuten goldgelb überbacken. Die Petersilie waschen, fein hacken und über das Gratin streuen.

● **Mein Tip:** Die Gemüsebrühe enthält nach dem Garen des Blumenkohls nicht nur die üblichen Mineralien, sondern auch noch die Vitalstoffe des Blumenkohls. Trinken Sie vor oder nach dem Essen eine Tasse davon.

Feldsalat mit Walnüssen

Für 4 Portionen

200 g Feldsalat • 6–8 Walnußkerne • 1 große Zwiebel • 2 EL Apfelessig • Salz • Pfeffer • 2 EL kaltgepreßtes Walnußöl

Den Salat putzen, waschen und abtropfen lassen. Die Nüsse kleinhacken. Die Zwiebel schälen und fein würfeln. Essig und Gewürze verrühren, bis sich das Salz aufgelöst hat, dann das Öl unterschlagen. Den Salat und die Zwiebeln vermengen, mit dem Dressing vermischen und mit den Nüssen bestreuen.

Zum Abendessen

Ihren ersten Tag sollten Sie unbedingt mit dieser Suppe abschließen, alle anderen Gerichte können Sie nach Belieben austauschen.

Tomatensuppe

Für 4 Portionen

1 kg Tomaten • 1 Zwiebel • 2 EL kaltgepreßtes Olivenöl • Salz • Pfeffer • 1 EL Kräuter der Provence • 2 Scheiben Vollkorntoast • 1 EL Butter • 2 EL saure Sahne oder Crème fraîche • 1 EL Schnittlauchröllchen

Die Tomaten waschen, die Stielansätze herausschneiden und das Fruchtfleisch grob würfeln. Die Zwiebel schälen und fein würfeln. Das Olivenöl erhitzen und die Zwiebelwürfel darin anbraten. Tomaten dazugeben und mit Salz, Pfeffer und den Kräutern der Provence würzen. 10 Minuten köcheln lassen. Die Mischung durch ein Sieb passieren, dabei mit einem Löffel fest ausdrücken. Das Toastbrot würfeln und in der heißen Butter knusprig braten. Die Suppe noch einmal erhitzen und mit der sauren Sahne oder der Crème fraîche verfeinern und nach Belieben noch einmal mit etwas Zucker und Essig abschmecken. In Teller gießen und mit den gerösteten Brotwürfeln und den Schnittlauchröllchen bestreuen.

Zweiter Tag

Hätten Sie gedacht, daß überwiegend basische Kost so gut schmecken kann? Heute geht es mit »basischen Spitzenreitern« weiter: das einheimische Gemüse, vor allem die rote Beete und der Blumenkohl, sind besonders reich an basischen Mineralstoffen.

Zum Frühstück

Aktivmüsli

Für 2 Portionen

1 süßer Apfel • 1 TL über Nacht eingeweichte Rosinen • 2 EL Weizenkeimlinge • 2 EL Buchweizenkeimlinge • 1 TL geschroteter Leinsamen • 1 TL Zitronensaft • 1 TL Sanddornsaft • 3 EL Dickmilch oder Joghurt

Den Apfel waschen, vom Kerngehäuse befreien und fein würfeln. Mit allen übrigen Zutaten mischen.
• Mein Tip: Anstelle der Buchweizensprossen können Sie auch Hafer- oder Roggenkeimlinge verwenden.
Sind Sie kein Müsli-Fan am Morgen? Dann haben wir hier eine köstliche Alternative für Sie. Für ein *Dinkelbrot mit Avocadocreme* halbieren Sie eine Avocado, lösen die Hälften vom Kern, schälen sie und zerdrücken das Fruchtfleisch mit einer Gabel. Würfeln Sie 1/2 Zwiebel und mengen Sie die Würfel mit 1 EL Schnittlauchröllchen, 1 TL Olivenöl und je 1 Prise Salz und Pfeffer unter das Avocadomus. Pro Portion zwei Scheiben Dinkelbrot dünn buttern und mit Avocadocreme bestreichen.
• Mein Tip: Den Avocadokern in die Creme legen und in einer Schüssel gut verschließen – so wird sie nicht braun und sieht auch am Abend noch appetitlich aus.

Zum Mittagessen

Gemüse-Buchweizen-Auflauf

Für 2 Portionen

100 g Buchweizen • 1 Lorbeerblatt • 1/4 l Gemüsebrühe • 1 Zwiebel • 100 g Champignons • 1 Möhre • 1/2 Knollensellerie • 1 Stange Lauch • 1 kleine Knoblauchzehe • 1 EL Olivenöl • 1 EL gehackte Petersilie • Salz • Pfeffer • 1 Prise Thymian • 50 g Hartkäse • 4 EL saure Sahne • 1 Eigelb • Butter für die Form

Den Buchweizen mit dem Lorbeerblatt in die kochende Gemüsebrühe geben und etwa 20 Minuten darin ausquellen lassen. Inzwischen die Zwiebel schälen und fein würfeln. Die Champignons putzen, mit einem feuchten Tuch abreiben und in Scheiben schneiden. Die Möhre putzen und raspeln. Den Sellerie schälen und fein würfeln. Den Lauch längs aufschlitzen, waschen und in Halbringe schneiden. Den Knoblauch schälen. Das Öl erhitzen und die Zwiebel darin glasig dünsten. Gemüse und Champignons dazugeben und den Knoblauch dazupressen. Mit der Petersilie und den Gewürzen abschmecken. So lange braten, bis die ganze Flüssigkeit verdampft ist. Die Gemüsemischung abkühlen lassen. Den Käse reiben. Die Hälfte des Käses mit der sauren Sahne und dem Eigelb vermischen und das Gemüse damit binden. Den Buchweizen untermengen und alles in eine gefettete Form füllen, mit dem restlichen Käse bestreuen. In den Ofen (Mitte) schieben und bei 220° C (Umluft 200° C) in 15–20 Minuten goldgelb überbacken.

Rote-Bete-Salat mit Linsensprossen

Für 2 Portionen (Foto)

1 kleine Knolle rote Bete (etwa 200 g) • 2 EL kaltgepreßtes Pflanzenöl • 1/2 Tasse Linsensprossen • 1 kleine Zwiebel • Salz • Pfeffer • 1 EL Apfelessig • 1 EL Walnußöl

Die rote Bete schälen und in nicht zu feine Streifen raspeln. Das Öl in einem Topf erhitzen und die Raspel darin bei geringer Hitze weich dünsten. Die Linsensprossen dazugeben und etwa 2 Minuten mitdünsten. Abkühlen lassen. Die Zwiebel schälen, würfeln und unter die rote Bete mengen. Salz, Pfeffer und Essig verrühren, das Öl unterschlagen und den Salat mit dem Dressing marinieren.

Zum Abendessen

Blumenkohlsuppe mit Brotwaffeln

Für 4 Portionen

Für die Suppe:
1 kleiner Blumenkohl (etwa 200 g) • 3/4 l Gemüsebrühe • 1 EL Butter • 1 EL Weizenvollkornmehl • 1 EL gehackte Petersilie • Salz • Pfeffer • frisch geriebene Muskatnuß

Für die Brotwaffeln:
2 EL Amaranth • 2 EL Buchweizen • 2 EL Dinkel • 1 EL Sonnenblumenkerne • Salz • Fett für das Waffeleisen

Für die Suppe den Blumenkohl putzen, in Röschen teilen und in der Gemüsebrühe weich kochen. Die Hälfte der Röschen herausheben, den Rest im Topf fein pürieren. Die Butter in einem Topf erhitzen und das Mehl darin hellgelb anbraten. Mit etwas Suppe ablöschen und kurz aufkochen lassen. So viel Suppe zugeben, bis das ganze sämig wird. Die Blumenkohlröschen zugeben, die Petersilie unterrühren und mit Salz, Pfeffer und Muskat abschmecken.
Für die Waffeln Amaranth, Buchweizen und Dinkel fein mahlen und so viel Wasser unterrühren, daß ein zäher Brei entsteht. Die Sonnenblumenkerne zugeben, den Teig salzen und etwa 25 Minuten quellen lassen. Das Waffeleisen aufheizen, bei Bedarf einfetten und darin aus jeweils 2 Eßlöffeln Teig knusprige Waffeln backen. Auf einem Kuchengitter etwas auskühlen lassen und noch lauwarm zur Suppe servieren.

Dritter Tag

Falls Sie sich heute morgen nicht so wohl fühlen, ist das ganz normal. Zwischen dem zweiten und dritten Tag lösen sich die abgelagerten Säuren langsam aus dem Bindegewebe und werden aus dem Körper transportiert. Es findet die sogenannte Heilkrise oder Erst-Verschlimmerung statt. Die Folge: Sie fühlen sich erschöpft und müde und haben den Eindruck, daß sich die ursprünglichen Symptome noch etwas verschlimmert haben. Halten Sie durch, denn schon ab morgen wird eine deutliche Verbesserung Ihres Allgemeinbefindens eintreten.

Dieser Tag beginnt farbenfroh mit köstlichen Melonen, die starke Basenbildner sind. Voraussetzung ist aber auch hier wieder, daß die Früchte gut ausgereift sind. Ist Ihnen am Morgen nicht nach Melonen? Auch das ist kein Problem, tauschen Sie doch einfach den Melonenteller durch ein Dinkel-Brötchen aus, das Sie ganz nach Belieben mit Butter und Honig versüßen.

Zum Frühstück

Melonenteller

Für 2 Portionen

1/4 Wassermelone
1/4 Zuckermelone
1/4 Honigmelone

Das Fruchtfleisch aus den Melonen lösen und in mundgerechte Stücke schneiden, eventuell die Kerne entfernen. Hübsch anrichten und servieren.

Zum Mittagessen

Kürbissuppe mit Lachsstreifen und Sahnehaube

Für 4 Portionen

500 g Kürbisfleisch • 1 Zwiebel • 1 kleiner Knollensellerie • 1 kleine Stange Lauch • 2 EL Olivenöl • 4 EL gehackte Petersilie • 1 l Gemüsebrühe • Salz • Pfeffer • 4 EL geschlagene Sahne • 2 Scheiben Räucherlachs

Das Kürbisfleisch herausschneiden und grob zerkleinern. Die Zwiebel schälen und würfeln, den Sellerie schälen und kleinschneiden. Den Lauch aufschlitzen, waschen und in Ringe schneiden. Das Öl in einem großen Topf erhitzen und die Zwiebel und 1 Eßlöffel Petersilie darin glasig dünsten. Das Gemüse zugeben und mit so viel Brühe auffüllen, daß es knapp bedeckt ist. Etwa 20 Minuten kochen, bis der Kürbis zerfällt. Die Suppe durch ein Sieb passieren, dabei mit einem Löffel gut durchdrücken. Kräftig würzen und in vorgewärmten Tellern anrichten. Je 1 EL Sahne daraufsetzen, mit der restlichen Petersilie bestreuen und mit dem in feine Streifen geschnittenen Lachs belegen.

Möhren-Mungo-Salat

Für 4 Portionen

2 Möhren • 1/2 l Gemüsebrühe • 150 g Mungobohnen-Sprossen • 1 TL Salz • 2 Frühlingszwiebeln • je 1 EL gehackte Petersilie, Schnittlauch und Dill • 2 EL Sonnenblumenöl • 1 TL scharfer Senf • Saft von 1/2 Zitrone • Pfeffer

Die Möhren schälen, würfeln und in der Gemüsebrühe bißfest kochen. Abkühlen lassen. Die Mungosprossen in einem Topf mit Wasser

bedecken, das Salz hinzufügen und etwa 3 Minuten kochen lassen. Abgießen und mit den Möhren, den geputzten und kleingeschnittenen Frühlingszwiebeln und den Kräutern vermengen. Aus Öl, Senf, Zitronensaft, etwas Gemüsebrühe, Salz und Pfeffer eine Marinade rühren und den Salat damit übergießen.

Zum Abendessen

Avocado-Sprossen-Creme

Für 4 Portionen (Foto)

1 reife Avocado • 2 Champignons • 1 TL feingehackte Petersilie • 1 TL feingehackter Schnittlauch • 1 gehäufter TL Alfalfasprossen • 1 gehäufter TL Rettichsprossen • 1 TL Zwiebelwürfel • 2 EL Olivenöl • 1 Spritzer Zitronensaft • Salz • Pfeffer

Die Avocado mit einem scharfen Messer längs halbieren und die Hälften mit einer Drehbewegung voneinander lösen. Den Kern entfernen. Das Fruchtfleisch mit einem Löffel auslösen und mit einer Gabel zerdrücken. Die Champignons putzen, fein würfeln und mit allen anderen Zutaten mischen, mit Zitronensaft, Salz und Pfeffer abschmekken. Mit Reiswaffeln oder selbstgebackenen Waffeln servieren.

Vierter Tag

Sie haben die Heilkrise jetzt hinter sich und fangen an, sich so richtig wohl in Ihrer Haut zu fühlen. Damit dies so bleibt, sollten Sie die Acht-Tage-Kur auf jeden Fall weiterführen.
Ist Ihnen übrigens schon aufgefallen, daß Sie nun bereits den vierten Tag vegetarisch leben und dabei nichts vermissen?

Zum Frühstück

Bunter Fruchtsalat

Für 2 Portionen

4 Erdbeeren • 5 rote Weintrauben • 1 Kiwi • 1 Mango • 1 Birne • Birnendicksaft nach Belieben

Das Obst waschen. Von den Erdbeeren die Kelche entfernen, die Weintrauben halbieren und nach Belieben die Kerne entfernen. Die Kiwi schälen und in Scheiben schneiden. Die Mango schälen und das Fruchtfleisch vom Kern schneiden. Die Birne vom Kerngehäuse befreien und würfeln. Alles miteinander vermengen und mit Birnendicksaft süßen.

● **Mein Tip:** Getreidesprossen ergänzen den Fruchtsalat besonders gut und machen ihn noch etwas gehaltvoller.

Zum Mittagessen

Brokkoli-Rohkost

Für 4 Portionen

400 g Brokkoli • 2 Möhren • 1 Zwiebel • 1/2 l Buttermilch • 2 EL Sonnenblumenöl • Salz • Pfeffer • etwas Zitronensaft • 1 EL Sonnenblumenkerne

Den Brokkoli waschen und in kleine Röschen teilen, grobe Stiele schälen und kleinschneiden. 2 Minuten in kochendem Salzwasser garen, herausheben und abschrecken. Gründlich abtropfen lassen. Möhren schälen und fein raspeln, die Zwiebel schälen und fein würfeln. Das Gemüse vermengen, mit der Buttermilch vermischen und mit Salz, Pfeffer und Zitronensaft kräftig abschmecken. Auf Tellern anrichten und mit den Sonnenblumenkernen bestreut servieren. Dazu passen besonders gut Reiswaffeln oder selbstgebackene Brotwaffeln (Seite 51).

Kartoffelpuffer mit Apfel-Rosinen-Mus

Für 4 Portionen (Foto)

Für das Apfel-Rosinen-Mus:
3 mittelgroße Äpfel • Saft von 1 kleinen Zitrone • 1/2 Tasse eingeweichte Rosinen • 2 EL Mandelstifte
Für die Kartoffelpuffer:
1 kg vorwiegend festkochende Kartoffeln • 1 kleine Zwiebel • 1 TL Öl • 1 EL frisch gehackte Petersilie • 1 Ei • Salz • Pfeffer • Sonnenblumenöl zum Ausbacken

Das Apfelmus am besten am Vortag zubereiten, damit es gut auskühlen kann. Dafür die Äpfel schälen und in Spalten schneiden, dabei die Kerngehäuse entfernen. Die Apfelspalten in 1/8 l Wasser und dem Zitronensaft bißfest dünsten, sie dürfen nicht zerfallen. Abkühlen lassen und anschließend mit dem Pürierstab zerkleinern, die Rosinen unterrühren. Die Mandelstifte in einer Pfanne ohne Fett goldbraun rösten und über das Mus streuen.
Für die Kartoffelpuffer die Kartoffeln schälen und fein raspeln. Die Raspel auf ein Küchentuch geben, das Tuch zu einer Rolle zusammendre-

hen und die Enden gegeneinander drehen. Die Kartoffelraspel dabei so gut wie möglich ausdrücken. Die Zwiebel schälen und würfeln. Das Öl erhitzen und die Zwiebelwürfel mit der Petersilie darin glasig dünsten. Die Mischung leicht abkühlen lassen und zu den Kartoffeln geben. Ei, Salz und Pfeffer hinzufügen und gut ver- mengen. Etwas Öl in einer Pfanne erhitzen und nacheinander handtellergroße, goldbraune Kartoffelpuffer ausbraten. Mit dem Apfel-Rosinen-Mus servieren.

Zum Abendessen

Sellerie-Möhren-Salat

Für 2 Portionen

1 Knollensellerie • 2 Möhren • 1/2 l Gemüsebrühe • 125 g Sahne • 1 EL Apfelessig • Salz • Pfeffer

Den Knollensellerie und die Möhren schälen, klein würfeln und in der Gemüsebrühe bißfest kochen. Herausheben und abkühlen lassen. Sellerie- und Möhrenwürfel mit den restlichen Zutaten vermengen und etwa 30 Minuten durchziehen lassen. Sonnenblumenbrot und Butter dazu reichen. Trinken Sie dazu ein Glas lauwarme Gemüsebrühe, denn sie enthält die Vitalstoffe des Gemüses.

Fünfter Tag

Sie haben bereits enorme Fortschritte gemacht – die Acht-Tage-Kur und das Body-&-Soul-Programm zeigen ihre Wirkung: Ihr Körper hat sich inzwischen an den Abtransport der Säuren gewöhnt, Ihr Magen vermißt nichts, Ihr Körper strafft sich, und auch die ersten Pfunde müßten nun langsam aber sicher purzeln. Und nicht vergessen: 3 bis 3,5 l Flüssigkeit täglich in Form von stillem Mineralwasser oder Kräutertee sind auch weiterhin ein absolutes »Muß«!

Zum Frühstück

Trockenfruchtmus auf Vollkornbrot

Für 4 Portionen

4 Dörrpflaumen • 4 getrocknete Datteln • 4 getrocknete Feigen • 1 EL Rosinen • 4–5 getrocknete Aprikosen • 1 Tasse gemahlene Mandeln oder Haselnüsse • 1 Messerspitze Zimt

Die Trockenfrüchte am Vorabend in eine Schüssel geben und mit stillem Mineralwasser bedecken. Über Nacht einweichen. Am Morgen mit dem Pürierstab zerkleinern, die Nüsse unterrühren und nach Belieben mit Zimt abschmecken. Als Aufstrich zu Vollkornbrot reichen.

● **Mein Tip:** Schneiden Sie eine Banane in dünne Scheiben und belegen Sie die Fruchtmus-Brote damit.

Für das Mittagessen

Gebackene Kartoffeln mit Sprossenquark

Für 2 Portionen

4–5 vorwiegend festkochende Kartoffeln (etwa 400 g) • 250 g Quark • 100 ml Milch • 2 TL Olivenöl • 2 Frühlingszwiebeln • je 1 EL Petersilie und Schnittlauch, fein gehackt • 2 EL Rettichsprossen • 1 EL Alfalfasprossen • Kräutersalz • Pfeffer • 1/4 Salatgurke • 2 EL Kresse • Fett für die Form

Den Ofen auf 200° C vorheizen. Die Kartoffeln unter fließendem Wasser gründlich abbürsten und halbieren. Eine Form oder ein Blech einfetten und die Kartoffelhälften mit den Schnittflächen nach unten daraufsetzen und etwa 30 Minuten im Ofen (Mitte; Umluft 180° C) backen. Inzwischen den Quark mit der Milch und dem Olivenöl glattrühren. Die Frühlingszwiebeln putzen, in feine Ringe schneiden und mit den Kräutern und den Sprossen unter den Quark heben. Mit Kräutersalz und Pfeffer abschmecken. Die Gurke schälen, raspeln, leicht salzen und Wasser ziehen lassen. Mit Küchenpapier etwas trockentupfen und auf den Quark geben. Die fertig gebackenen Kartoffeln mit dem Sprossenquark auf Tellern anrichten, mit der Kresse bestreuen und servieren.

Endiviensalat

Für 2 Portionen

1/2 Kopf Endiviensalat • 1 kleine Zwiebel • Saft von 1/2 Zitrone • Salz • Pfeffer • 1/4 TL Senf • 1/4 TL Honig • 1 EL Sonnenblumenöl

Den Salat waschen und in feine Streifen schneiden. Die Zwiebel schälen, fein würfeln und zum Salat geben. Aus Zitronensaft, Salz, Pfeffer, Senf und Honig eine Marinade rühren und zuletzt das Öl unterschlagen. Bei Bedarf etwas Wasser zugeben. Den Salat marinieren, kurz durchziehen lassen und zu den gebackenen Kartoffeln servieren.

Zum Abendessen

Gemüsekuchen

Für 4 Portionen (Foto)

Für den Teig:
200 g gemahlener Amaranth • 2 Messerspitzen Salz • 100 g weiche Butter • 1 Ei
Für den Belag:
1 kleiner Zucchino • je 1/2 rote und gelbe Paprikaschote • 1 große Zwiebel • 2 Knoblauchzehen • 500 g Champignons • 2 EL Olivenöl • 125 g Crème fraîche • Salz • Pfeffer • 1 EL klein-gehackter Oregano • 1 EL kleingehacktes Basilikum • 125 g Mozzarella • Fett für die Form

Für den Teig das Amaranthmehl mit Salz, Butter und Ei zu einem geschmeidigen Teig verkneten. Eine Pie- oder Kuchenform einfetten und so mit dem Teig auslegen, daß ein Rand stehenbleibt. 30 Minuten kühl stellen. Zucchino und Paprikaschoten waschen, Zucchino in Scheiben schneiden, Paprikaschoten von Samen und Trennwänden befreien und in feine Streifen schneiden. Die Zwiebel und den Knoblauch schälen, die Zwiebel in Halbringe schneiden, den Knoblauch fein hacken. Die Champignons putzen und in Scheiben schneiden. Das Öl erhitzen und die Zwiebel darin 2 Minuten anbraten. Das Gemüse und den Knoblauch zugeben und etwa 5 Minuten dünsten. Crème fraîche, Salz, Pfeffer und Kräuter unterrühren und kurz aufkochen lassen. Den Ofen auf 200° C vorheizen. Die Gemüsemischung auf dem Teigboden verteilen. Den Mozzarella in dünne Scheiben schneiden und den Gemüsekuchen damit belegen. In den Ofen schieben (Mitte) und in etwa 30 Minuten (Umluft 180° C) goldgelb überbacken. Servieren Sie dazu einen kleinen Endiviensalat, den Sie aus der zweiten Hälfte des Salatkopfes von heute Mittag zubereiten, oder einen Gurkensalat mit einem Dressing aus Kefir und Zwiebeln.

Sechster Tag

Heute ist »Schlemmen« angesagt – ein asiatisch angehauchter Gemüseeintopf mit Tomatensalat und am Abend dann köstliche Zucchini mit Garnelen. Wer hätte gedacht, daß Kuren so köstlich sein kann?! Aber auch hier gilt: Essen Sie langsam und mit viel Genuß, und beenden Sie die Mahlzeit, sobald sich ein Sättigungsgefühl breit macht. Vergessen Sie aber vor Freude über das köstliche Essen Ihren Body-&-Soul Fahrplan nicht!

Zum Frühstück

Kernemüsli

Für 2 Portionen

1 EL Kürbiskerne • 1 EL Sonnenblumenkerne • 1 EL gehackte Haselnüsse • 3–5 Cashewkerne • 1 EL Rosinen • 50 g Trockenobst (Datteln, Pflaumen, Aprikosen) • 1 Apfel • 1/2 Banane • 4 EL Sahne • Birnendicksaft oder Honig nach Belieben

Kerne, alle Nüsse und das Trockenobst am Vorabend in eine Schüssel geben und mit stillem Mineralwasser bedecken. Über Nacht einweichen. Am Morgen den Apfel waschen und ohne Kerngehäuse würfeln. Die Banane schälen und in feine Scheiben schneiden. Alle Zutaten vermengen, mit Sahne und Birnendicksaft oder Honig süßen.

Zum Mittagessen

Gemüseeintopf mit Naturreis

Für 4 Portionen

100 g Naturreis • 1 Möhre • 1 Kohlrabi • 250 g Brokkoli • 200 g Blumenkohl • 100 g grüne Bohnen • 150 g Maiskörner oder 2 Maiskolben • 1 l Gemüsebrühe • 50 g Mungobohnen-Sprossen • 3 EL frisch geriebener Parmesan • 1–2 TL Sojasauce

Den Reis in sprudelnd kochendem Salzwasser bißfest kochen, abgießen und abtropfen lassen. Das Gemüse putzen, waschen und in mundgerechte Stücke beziehungsweise in Röschen teilen. Ganze Maiskolben 20 Minuten in Salzwasser garen. Die Gemüsebrühe erhitzen und Kohlrabi und Bohnen darin in 15 Minuten bißfest garen. Nach 5 Minuten Garzeit den Blumenkohl, nach 10 Minuten den Brokkoli und die abglösten Maiskörner und Sprossen zugeben. Mit Sojasauce abschmecken und den gekochten Reis unterrühren, den Topfdeckel schließen und den Eintopf noch etwa 5 Minuten ziehen lassen. Auf Tellern anrichten und mit Parmesan bestreut servieren.

Tomatensalat mit Alfalfasprossen

Für 4 Portionen

300 Flaschen- oder Strauchtomaten • 100 g Alfalfasprossen • 1 Zwiebel • 2 EL Olivenöl • 2 EL Aceto Balsamico (Balsamessig) • Salz • Pfeffer

Die Tomaten waschen, von den Stielansätzen befreien und in Scheiben schneiden. Fächerartig auf einer Platte anrichten, die Alfalfasprossen ringförmig darauf verteilen. Die Zwiebel schälen, fein würfeln und mit den restlichen Zutaten zu einem Dressing verrühren. Über die Tomaten träufeln, kurz ziehen lassen, servieren.

Zum Abendessen

Gebackene Zucchini mit Garnelen

Für 2 Portionen (Foto)

2 Zucchini • 1 EL Butter • 2 EL Olivenöl • Salz • Pfeffer • 1 Fleischtomate • 6 Garnelen • 125 g Sahne • 1 TL Meerrettich • 1 TL Oregano • 1 Messerspitze getrockneter Thymian • 1 Knoblauchzehe

Die Zucchini waschen, putzen und der Länge nach in Scheiben schneiden. Butter und Öl in einer großen Pfanne erhitzen und die Zucchinischeiben darin portionsweise bei starker Hitze goldbraun braten, sie dürfen aber nicht zu weich werden. Herausheben, auf Küchenpapier abtropfen lassen und warm stellen. Die Tomate kurz mit kochendem Wasser überbrühen, häuten, vierteln und entkernen. Das Fruchtfleisch fein würfeln und mit den Garnelen in die Pfanne geben und in der restlichen Butter-Öl-Mischung kurz anbraten. Die Sahne zugießen und mit Meerrettich, Kräutern und dem durchgepreßten Knoblauch würzen. Die Zucchinischeiben mit den Garnelen auf vorgewärmten Tellern anrichten und mit Reis- oder Getreidewaffeln servieren.

Siebter Tag

Sie nähern sich langsam aber sicher dem Ende Ihrer Acht-Tage-Kur – und fühlen sich hoffentlich pudelwohl dabei. Wichtig ist vor allem die Erkenntnis, daß Essen auch ohne extreme Säurebildner wie Getreide, Fleisch und Zucker sehr gut schmeckt und Ihnen dabei auch noch guttut. Vielleicht gefällt Ihnen eines der Rezepte so gut, daß Sie es in Ihr Repertoire aufnehmen!?

Zum Frühstück

Beerenmüsli

Für 2 Portionen (Foto)

400 g gemischte Beeren • 80 g Weizensprossen • 1 EL ungesalzene Pistazienkerne • 100 g Sahne oder Joghurt • Mark von 1 Vanilleschote • Honig oder Birnendicksaft nach Belieben

Die Beeren waschen und abzupfen, die Sprossen abspülen und gründlich abtropfen lassen. Beeren, Weizensprossen, Pistazienkerne, Sahne oder Joghurt und Vanillemark mischen und mit Honig oder Birnendicksaft süßen.
Haben Sie heute keine Lust auf Beeren oder können Sie keine frischen bekommen?

Dann ist ein *Vollkornbrot mit Bananen-Honig-Mus* heute vielleicht das Frühstück Ihrer Wahl. Dafür pürieren Sie pro Portion 1 Banane und verrühren sie mit jeweils 1/2 EL Zitronensaft und echtem Bienenhonig. Das Brot sehr dünn buttern und mit dem Mus bestreichen.

Ein Müsli mit roten Früchten der Saison schmeckt besonders gut. Ob Kirschen, Erdbeeren, Himbeeren oder Johannisbeeren – wichtig ist die Reife und die Frische der Beeren.

Zum Mittagessen

Hirse-Tofu-Bratlinge mit Gemüse

Für 4 Portionen

100 g Hirse •300 ml Gemüsebrühe • 1 Kohlrabi • 1 Möhre • 1–2 TL Sojasauce • 1 Zwiebel • 2 EL feingehackte Petersilie • 1 EL Öl • 100 g Tofu • 2 Eigelbe • 1 EL Schnittlauchröllchen • Salz • Pfeffer • Butter zum Braten

Die Hirse waschen und mit 200 ml Gemüsebrühe in einem Topf aufkochen. Die Hitze reduzieren und die Hirse etwa 35 Minuten quellen lassen. Herausheben, abtropfen und auskühlen lassen. Kohlrabi und Möhre schälen, in Scheiben schneiden und in der restlichen Gemüsebrühe weich dünsten. Nach Belieben mit Sojasauce abschmecken. Die Zwiebel schälen, würfeln und mit der Petersilie in dem Öl glasig dünsten. Zur Hirse geben, kleingeschnittenen Tofu und die Eigelbe hinzufügen und zu einem Teig verkneten. Mit angefeuchteten Händen handtellergroße Bratlinge formen. Die Butter in einer großen Pfanne erhitzen und nacheinander goldgelb ausbraten. Warmhalten. Mit dem Kohlrabi-Möhren-Gemüse auf Tellern anrichten und servieren.

Orangen-Grapefruit-Grütze

Für 4 Portionen

2 Orangen • 2 rosa Grapefruits • 1 gelbe Grapefruit • 30 g Speisestärke • 30 g Honig • 4 EL geschlagene Sahne

Eine Orange und je eine rosa und gelbe Grapefruit so schälen, daß auch die weiße Haut entfernt ist. Nun mit dem Messer eng an den Trennhäutchen entlang schneiden und so die Filets herauslösen. Herabtropfenden Saft auffangen. Die restlichen Früchte auspressen und den Saft mit Wasser auf 250 ml auffüllen. Etwas Saft abnehmen und die Stärke damit glatt rühren. Den Saft mit dem Honig erhitzen und die Stärke unterrühren. So lange unter Rühren köcheln lassen, bis der Saft klar wird. Die Filets hineingeben und völlig erkalten lassen. Mit Schlagsahne servieren.

Zum Abendessen

Maiskolben mit Kräuterbutter

Für 4 Portionen

4–8 Maiskolben (je nach Größe) • Salz • 200 g weiche Butter • 50 g frisch gehackte gemischte Kräuter (Petersilie, Schnittlauch, Thymian, Majoran)

Die Maiskolben in reichlich Salzwasser gar kochen. Die Butter schaumig schlagen, Salz und Kräuter unterrühren und kalt stellen. Die Maiskolben abgießen, abtropfen lassen und mit der Kräuterbutter servieren.

Achter Tag

Sie haben es geschafft – oder wünschen Sie sich jetzt, Sie könnten noch einmal von vorne beginnen und die köstlichen Rezepte noch einmal durchprobieren? Auf jeden Fall sollten Sie versuchen, einige Anregungen in Ihr tägliches Leben zu übernehmen – und das dürfte bei diesen Vorschlägen doch nicht so schwer sein.

Zum Frühstück

Birnen-Nuß-Müsli

1 reife Birne und Banane • 5 EL Vollkornflakes • je 1 TL gehackte Mandeln und Haselnüsse • je 1 Msp. Vanillemark und Zimt • Milch • Birnendicksaft nach Belieben

Obst würfeln, mit allen Zutaten mischen, mit Milch übergießen. Süßen.

Zum Mittagessen

Lammfilet mit Maronen

Für 2 Portionen (Foto)

250 g Maronen • 2 EL Rosinen • 1/8 l Brühe • 2 Knoblauchzehen • 250 g Lammrücken • Salz, Pfeffer • 2 EL Öl • 150 ml Weißwein • 1 EL Rosmarin • 6 Salbeiblätter • 1 Knoblauchzehe • 1 EL Butter • 1 TL Mehl

Den Ofen auf 220° C vorheizen. Die Maronen kreuzförmig einritzen, auf ein Blech legen und im Ofen etwa 10 Minuten (Umluft 200° C) rösten; dabei mehrmals wenden. Herausnehmen, leicht abkühlen lassen, schälen und zugedeckt beiseite stellen. Die Rosinen mit der Brühe in einen Topf geben und erhitzen, die Brühe darf aber nicht kochen. Den Topf von der Kochstelle nehmen. Den Knoblauch schälen. Das Lammfleisch kalt abspülen und trockentupfen. Salzen und pfeffern. Das Öl in einer Pfanne stark erhitzen und den Rücken darin rundherum anbraten. Die Hitze etwas reduzieren und das Fleisch in 5 bis 7 Minuten fertigbraten. Herausheben, n Folie wickeln und warm halten. Den Bratfond mit dem trockenen Weißwein ablöschen, den gehackten Rosmarin und die Salbeiblätter hinzufügen, den Knobauch dazupressen und die Sauce auf etwa die Hälfte einköcheln lassen. Inzwischen in einem Topf die Butter schmelzen, das Mehl darüberstreuen und hell anbraten. Nach und nach die Rosinen-Brühe angießen und aufkochen lassen. Den losgekochten Bratfond zur Rosinensauce gießen, die Maronen zugeben und kurz darin ziehen lassen. Den Lammrücken in Scheiben schneiden und mit der Maronensauce auf Tellern anrichten.

Chicoréesalat

Für 2 Portionen

1–2 Stauden Chicorée • 1 kleiner süßer Apfel (Cox Orange) • 1 EL Apfelessig • 2 EL Sahne • 1 Messerspitze scharfer Senf • Salz • Pfeffer • 1 EL Sonnenblumenöl • 1/2 TL Dillspitzen

Den Chicorée waschen, abtropfen lassen. Bei bitteren Sorten den Strunk kegelförmig großzügig herausschneiden, da er die meisten Bitterstoffe enthält. Chicorée in feine Streifen schneiden. Den Apfel vierteln, vom Kerngehäuse befreien und klein würfeln. Essig, Sahne, Senf, Salz und Pfeffer gut verrühren, das Öl unterschlagen. Die Salatsauce über den Chicorée geben und gut untermengen. 15 Minuten ziehen lassen. Mit den Dillspitzen bestreuen und zum Lammrücken servieren.

Zum Abendessen

Gemüse-Kartoffel-Gratin

Für 2 Portionen

2 Möhren • 100 g Knollensellerie • 1 kleine Zwiebel • 5 Pellkartoffeln • 1 Messerspitze Thymian • 1 Messerspitze Kümmel • Pfeffer • Salz • 1 Messerspitze Muskatnuß • 5 EL saure und 5 EL süße Sahne • 2 Eigelbe • 2 EL geriebener Parmesan • Butter für die Form • 1 halbierte Knoblauchzehe

Den Ofen auf 200° C vorheizen. Eine Gratinform gründlich einfetten und mit den Schnittflächen der Knoblauchzehe ausreiben. Möhre, Sellerie und Zwiebel schälen und würfeln. Die Kartoffeln pellen und in Scheiben schneiden. Die Form dachziegelartig mit den Kartoffeln auslegen. Mit Kräutern und Gewürzen bestreuen und die Gemüsewürfel darüberstreuen. Saure und süße Sahne mit den Eigelben und dem Parmesan verquirlen und über das Gratin gießen. In den Ofen schieben (Mitte; Umluft 180° C) und in 25–30 Minuten goldgelb überbacken.

»Body and Soul« – die 8-Tage-Kur für Körper und Seele

Für ein gesundes Ganzes

Über der Sorge um die richtige Ernährung sollten Sie nicht alle anderen Bedürfnisse Ihres Körpers und auch nicht die Ihrer Seele vergessen. Denn nur der Einklang zwischen Körper und Geist kann Ihnen ein gesundes Ganzes bescheren.

Unterstützen Sie Ihren Körper, indem Sie seine Durchblutung und die Kräftigung der Muskeln und Sehnen mit Gymnastik, Bädern und Massagen fördern. Und helfen Sie Ihrer Seele, indem Sie Streß abbauen und für die notwendige Entspannung sorgen.

So könnte Ihr Wochenplan für »body and soul« aussehen:

	Tag 1	Tag 2	Tag 3	Tag 4	Tag 5	Tag 6	Tag 7	Tag 8
Atemgymnastik	x	x	x	x	x	x	x	x
Trockenbürsten	x	x	x	x	x	x	x	x
Ölsaugen	x	x	x	x	x	x	x	x
Apfelessigabreibung	x		x		x		x	
Heilerdemaske		x				x		
Baseneinlauf	x							
Bad		x			x			x
Leberwickel	x			x			x	
Naturmeditation		x		x		x		x
Partnermassage	x				x			x
Selbstmassage			x			x		
Sport		x			x		x	

Ihr persönlicher Wochenplan

Halten Sie sich an den Plan

Damit Sie den Überblick über alle Übungsmöglichkeiten nicht verlieren, möchten wir Ihnen als Hilfestellung einen Wochenplan anbieten. Er zeigt Ihnen alle im Buch beschriebenen Übungen auf einen Blick. Auf der linken Seite finden Sie ein Beispiel, wie die Realisierung aussehen könnte: Atemgymnastik, Trockenbürsten und Ölsaugen sollten Sie täglich einplanen, alle anderen Anwendungen und Übungen nach Belieben. Ideal wäre es, wenn Sie jede der Wahlübungen aber mindestens zweimal innerhalb Ihrer Acht-Tage-Kur ausführen könnten. Denn nicht nur die Ernährung, auch die Pflege von Körper und Seele trägt zu Ihrem Wohlbefinden bei.

Tragen Sie hier Ihren ganz persönlichen Wochenplan ein

	Tag 1	Tag 2	Tag 3	Tag 4	Tag 5	Tag 6	Tag 7	Tag 8
Atemgymnastik								
Trockenbürsten								
Ölsaugen								
Stretching								
Bäder und Duschen								
Packungen								
Wickel								
Apfelessigabreibung								
Baseneinlauf								
Heilerde-Maske								
Naturmeditation								
Reise ins Ich								
Massagen								

Atemübungen am Morgen

Schon im Bett natürlich lockern

Was gibt es Schöneres, als sich nach dem Aufwachen erst noch einmal so richtig im Bett zu räkeln und sanft in den neuen Tag zu gleiten? Auch medizinisch gesehen ist es sehr viel besser, langsam aufzuwachen und sich dabei ausgiebig zu räkeln und zu strecken. Hierdurch werden die Muskeln gelockert und in der Nacht entstandene Verspannungen gelöst.

Ganz bewußt in den Bauch atmen.

Ist Ihr Kreislauf dann ein wenig in Gang gekommen, sollten Sie einige Atemgymnastik-Übungen machen – am besten am geöffneten Fenster.

Übung 1

Stellen Sie sich mit leicht gespreizten Beinen hin, legen Sie die Handflächen auf den Unterbauch, unmittelbar oberhalb der Beckenknochen, so daß Sie die Atembewegungen gut fühlen können. Atmen Sie mit geschlossenem Mund durch die Nase tief in den Bauch, halten Sie die Luft fünf Sekunden an und lassen Sie sie sehr langsam über den Mund wieder entweichen. Verharren Sie in völlig ausgeatmetem Zustand weitere fünf Sekunden. Wiederholen Sie diese Atembewegung noch mindestens fünfmal.

Übung 2

Atmen und Strecken

Verschränken Sie die Arme hinter dem Kopf, üben Sie mit den verzahnten Fingern einen leichten Zug nach oben aus, so daß die Wirbelsäule leicht gedehnt wird. Atmen Sie durch die Nase tief ein, halten Sie den Atem während der Streckung etwa fünf Sekunden an. Dann lassen Sie den Atem durch den Mund langsam entweichen. Beugen Sie dabei Kopf und Oberkörper leicht nach vorne. Verharren Sie im völlig ausgeatmeten Zustand fünf Sekunden. Richten Sie sich langsam wieder auf und atmen dabei durch die

Nase wieder tief in den Bauch ein. Gestreckt und aufrecht mit leichtem Zug nach oben bleiben Sie wieder fünf Sekunden stehen. Wiederholen Sie diese Übung mindestens fünfmal. Dies sind Variationen von Zilgrei-Übungen. Weitere Übungen finden Sie in entsprechenden Fachbüchern (→ Bücher, die weiterhelfen, Seite 92).

Stretching

Stretching bedeutet Dehnung – und die ist zum Erhalt der vollen Funktion unseres Binde-, Stütz- und Muskelgewebes beinahe genauso wichtig wie ausreichendes Training. Bei ständigen Fehl- und Minderbelastungen können sie sich zurückbilden, verkürzen oder an Festigkeit verlieren. Die Folge sind Haltungsschäden, die mit mehr oder weniger starken Schmerzen verbunden sein können.

Wichtig wie Training

Bitte beachten Sie

Bei allen Stretching-Übungen gilt: Sie sollen zwar den Zug in der Muskulatur deutlich spüren, aber wenn es schmerzt, hören Sie auf!

Übung 1

Stellen Sie sich mit leicht gespreizten Beinen aufrecht hin. Recken Sie sich und strecken Sie die Arme so weit wie möglich nach oben. Dabei greifen Sie abwechselnd nach der Decke. Mit jeder Hand 10mal greifen.

Den ganzen Körper strecken

Übung 2

Legen Sie Ihre Ferse mindestens in Kniehöhe auf einen Stuhl; beugen Sie Ihren Oberkörper ganz langsam zum gestreckten, hochgelegten Bein hin. Versuchen Sie, sich dabei zu entspannen und zählen Sie bis 15. Sie werden die beanspruchten Muskeln deutlich spüren. Mit dem anderen Bein wiederholen.

Das Entspannen bringt die Dehnung.

Übung 3

Setzen Sie sich mit gespreizten Beinen auf den Boden und beugen Sie sich je 5mal langsam über das linke, dann über das rechte Bein und zuletzt zwischen den Beinen nach vorne – jeweils so weit Sie ohne starkes Ziehen kommen. Sollte dies für Sie eine leichte Übung sein, fassen Sie einen Fuß und ziehen sich mit den Armen sanft nach vorne.

Bei Schmerzen sofort stoppen

Beim Stretching ist es wichtig, daß die Bewegungen nicht abrupt, sondern sanft und ohne Schmerzen ausgeführt werden. Wenn Sie Ihre Muskeln spüren, in der Bewegung innehalten und versuchen zu entspannen.

Übung 4

Stellen Sie sich mit leicht gespreizten Beinen aufrecht hin und strecken Sie die Arme gerade nach oben. Nun beugen Sie sich, an den Armen beginnend, langsam nach vorne. Erst kippt der Kopf, dann die Halswirbelsäule, dann die Brustwirbelsäule, dann die Lendenwirbelsäule und zuletzt das Becken nach vorne, langsam und bewußt, so weit wie möglich. Verweilen Sie kurz im gebeugten Zustand. Richten Sie sich dann langsam wieder auf, und zwar auch diesmal Wirbel für Wirbel, bis Sie wieder voll gestreckt sind. Wiederholen Sie die Übung drei- bis viermal.

Wirbel für Wirbel beugen und aufrichten

Anregung von Stoffwechsel und Kreislauf

Wenn Sie am Morgen Ihren Stoffwechsel und Kreislauf in Schwung bringen, fällt es dem Organismus viel leichter, Stoffwechselschlacken abzutransportieren und damit die Säure-Basen-Balance zu erreichen.

Hilft gegen Abfallstoffe

Trockenbürsten

Das regt den Kreislauf an, wirkt Erschöpfungszuständen entgegen und stärkt das Immunsystem. Sie benötigen zwei Massagebürsten mit Naturborsten, wobei Sie die Borstenhärte Ihrer Hautempfindlichkeit anpassen sollten. Den Massagegurt für den Rücken erhalten Sie in Sanitätshäusern.

Massagegurt für den Rücken

Bitte beachten Sie

Bei Krampfaderleiden müssen die betroffenen Gebiete an den Beinen ausgelassen werden! Sprechen Sie vorher mit Ihrem Arzt!

Trockenbürsten bringt Ihren Kreislauf in Schwung.

So wird's gemacht

Die Bürstenmassage beginnt im Stehen und wird abwechselnd mit ein oder zwei Bürsten ausgeführt. Bürsten Sie in langen rhythmischen Bewegungen die Unterschenkel vom Fuß zum Knie hin. Danach geht es im Sitzen weiter: Bürsten Sie die Füße einschließlich der Fußsohlen, die Kniegelenke und mit kreisenden Bewegungen Oberschenkel, Hüfte und Kreuzgegend. Bürsten Sie nun zunächst den rechten, dann den linken Arm. Sie beginnen dabei am Handrücken, streichen über den Unter- und dann über den Oberarm und führen die Bürsten kreisförmig über die Schultergelenke. Danach werden die Handinnenflächen und die Innenarme bis hin zu den Achselhöhlen gebürstet.

Die Bürsten wandern

Beim Rumpfbürsten beginnen Sie an der Schulter und führen eine Bürste kreisförmig um die Brustwarzen bis zum Brustbein, wo der Druck nachlassen sollte – zuerst rechts, dann links.
Für den Bauch setzen Sie beide Bürsten unterhalb des Rippenbogens an und führen sie, links und rechts gleichzeitig, in Richtung Beckenknochen und wieder nach oben. Beginnen Sie an der Rumpfaußenseite und bürsten Sie bis zur Körpermitte.

Den Rücken nicht vergessen

Schließen Sie jetzt noch eine kräftige Massage Ihres Rückens mit einem Massagegurt an.
Für diese Massage benötigen Sie mindestens 15 Minuten.

Die 8-Tage-Kur für Körper und Seele

Duschbad

Beginnen Sie den Tag mit einem warmen Duschbad, damit Ihr Körper gut durchwärmt ist. Duschen Sie sich abschließend kalt ab. Dabei ist es wichtig, zuerst die Füße und Unterschenkel mit dem kalten Wasser in Berührung zu bringen und dann langsam aufsteigend die oberen Körperregionen »abzuschrecken«. Sparen Sie den Rücken aus. Wenn Ihnen das kalte Wasser am Bauch zu unangenehm ist, lassen Sie diese Region zunächst einfach aus. Im Laufe der Zeit gewöhnt sich Ihr Körper an die Temperaturschwankungen des Wassers, so daß die kalte Dusche dann als sehr anregend und vitalisierend empfunden wird.

Kalt nur auf den warmen Körper

Nach dem Duschen sollten Sie unbedingt noch etwa zehn Minuten zugedeckt nachruhen. Mit diesem Duschbad starten Sie nicht nur hellwach in den Tag, sondern stärken auch Ihr Immunsystem.

Heublumenbad

Ruchgras und Frühjahrs-Labkraut sind die wirksamen Substanzen der Heublumen. Sie wirken durchblutungsfördernd, krampflösend, schmerzstillend und regen den Stoffwechsel an.

So wird's gemacht

Setzen Sie 1 kg Heublumen (in der Apotheke oder Drogerie erhältlich) mit 5 l kaltem Wasser an und kochen Sie den Sud 20 Minuten. Durch ein Haarsieb abgießen und dem Badewasser beigeben. Die Badedauer sollte bei einer Temperatur von etwa 38 Grad Celsius 20, maximal 30 Minuten betragen. Nach dem Bad sollten Sie zugedeckt noch eine halbe bis eine Stunde nachruhen.

Höchstens 30 Minuten

Bitte beachten Sie

Allergiker sollten jegliche Badezusätze auf ihre Verträglichkeit überprüfen. Herz-Kreislauf-Kranke sollten hohe Temperaturen bei Bädern dringend meiden und in jedem Fall die Anwendung von Bädern mit ihrem Arzt oder Therapeuten besprechen.

Heublumenpackung

Heublumenpackungen haben die gleiche Wirkung wie die Bäder, doch sie helfen außerdem besonders gut gegen Rückenschmerzen, vor allem im Nacken-, Schulter- und Lendenwirbelbereich.

Gegen Schmerzen an Schulter und Rücken

Anregung für Stoffwechsel und Kreislauf

Das Heublumenbad: gut für die Durchblutung und den Stoffwechsel.

So wird's gemacht

Nicht zu heiß

Stellen Sie einen Heublumensud her, indem Sie 4 l Wasser mit drei Handvoll Heublumen etwa 30 Minuten kochen, abseihen und auf etwa 45 Grad auskühlen lassen; nehmen Sie dazu ein Thermometer zu Hilfe. Tauchen Sie ein Leinentuch in den Heublumensud, wringen Sie es aus und legen Sie es auf die schmerzende Körperpartie. Wickeln Sie ein zweites Tuch und als äußerste Hülle ein ausreichend großes Frottiertuch darüber, das Sie mit Sicherheitsnadeln fixieren. Den Wickel zehn bis 15 Minuten belassen.
In der Apotheke sind auch Heublumenkissen erhältlich. Bringen Sie dafür Wasser in einem Topf zum Kochen, legen Sie den Heublumensack in einem Dämpfeinsatz so in den Topf, daß er vom Wasserdampf durchströmt, aber nicht vom Wasser benetzt wird. Nach einer Stunde ist das Heublumenkissen ausreichend aufgeheizt und angefeuchtet. Probieren Sie aus, ob das Kissen nicht zu heiß ist. Dann wickeln Sie es in ein Leintuch und legen es für etwa 20 Minuten auf die schmerzende Stelle. Nach beiden Heublumenpackungen sollten Sie jeweils noch für etwa zehn Minuten ruhen.

Wichtig: nachruhen

Nach dem Gebrauch muß das Heublumenkissen luftig zum Trocknen aufgehängt werden. Sie können es bis zu fünfmal wiederverwenden.

Prießnitzwickel

Aktiviert die Verdauungsorgane

Vinzenz Prießnitz entwickelte zu Beginn des 19. Jahrhunderts diesen ungemein wohltuenden Bauchwickel. Mit dieser eigentlich sehr einfachen Behandlung werden die Verdauungsorgane durchwärmt, ihre Durchblutung wird gefördert und damit ihre Funktion unterstützt.
Sie benötigen dazu zwei Baumwoll- oder Leinentücher in Handtuchgröße, eine Wärmflasche und ein großes Frottiertuch zum Fixieren des Wickels.

So wird's gemacht

Falten Sie jedes der Baumwoll- beziehungsweise Leinentücher zweimal der Quere nach zu vierlagigen Kompressen. Eine dieser Kompressen wird mit kaltem Wasser durchfeuchtet, ausgewrungen und auf den Bauch gelegt. Legen Sie jetzt die trockene Kompresse darauf. Füllen Sie die Wärmflasche mit heißem Wasser, legen Sie sie auf die Tücher und fixieren Sie sie, indem Sie das große Frottiertuch um den ganzen Leib wickeln. Der Prießnitzwickel sollte mindestens eine halbe Stunde belassen werden, kann aber auch bis zum völligen Auskühlen der Wärmflasche auf dem Bauch verbleiben.

Hilfen zur Entgiftung des Körpers

Wenn Sie Ihrem Körper ernsthaft die Möglichkeit geben wollen, sich zu regenerieren, sollten Sie ihm zunächst dabei helfen, Schlackenstoffe auszuleiten. Dazu stehen zahlreiche Anwendungen zur Verfügung, die ohne großen Aufwand zu Hause durchgeführt werden können.

Apfelessigabreibung

Entgiftung über die Haut …

Die heiße Abreibung mit Apfelessig hilft der Haut bei der Entgiftung. Sie brauchen dazu nur ein Handtuch, heißes Wasser und etwas Apfelessig.

So wird's gemacht

Tauchen Sie das Handtuch in heißes Wasser und wringen Sie es aus. Verteilen Sie einen Teelöffel Apfelessig auf dem Tuch und reiben Sie sich, an den Füßen und Beinen beginnend, ab. Immer in Richtung Herz folgen die Arme und der Rumpf.
Tip: Innerlich angewandt, wirkt Apfelessig entsäuernd. Trinken Sie morgens und abends ein Glas stilles Mineralwasser mit einem Teelöffel Apfelessig.

… und innerlich über die Nieren

Baseneinlauf

Die Darmspülung, auch Einlauf genannt, wirkt entgiftend und entschlackend und wird seit alters her zu diesem Zweck angewendet.

Entgiftung über den Darm

Ein Einlauf mit basischem pH-Wert hat zwei Wirkungen: Zum einen nimmt der Darm die Basen auf und stellt sie dem Gesamtorganismus zur Verfügung. Zum anderen wird der pH-Wert im Darm selbst ausgeglichen, so daß sich säurebedingte Verkrampfungen lösen und sich Beschwerden am After zumindest erheblich bessern oder ganz abheilen.

Sie brauchen dazu einen Irrigator, ein Gerät für Einläufe, und außerdem Natriumbicarbonat oder Bullrichsalzpulver® – beides bekommen Sie in Ihrer Apotheke.

So wird's gemacht

Wichtig: körperwarmes Wasser

Für den Einlauf benötigen Sie einen halben bis dreiviertel Liter körperwarmes Wasser, dem Sie drei Gramm Natriumbicarbonat oder einen Teelöffel Bullrichsalzpulver® zusetzen. Bitte benützen Sie den Irrigator, wie in der Gebrauchsanleitung beschrieben, oder fragen Sie Ihren Arzt oder Apotheker um Rat.

Ölsaugkur

Mit der russischen Ölsaugkur nach Dr. Karach kann unser Körper sich über die Mundschleimhaut entgiften. Sie benötigen kaltgepreßtes Sonnenblumenöl.

Entgiftung über die Mundschleimhaut

So wird's gemacht

Nehmen Sie einen Eßlöffel Öl in den Mund und spülen und saugen Sie es zehn bis 15 Minuten durch Ihre Mundhöhle. Spucken Sie die dann dünnflüssig-milchartige Flüssigkeit aus; ist sie noch ölig-durchsichtig, war die Spüldauer zu kurz. Den Mund gründlich mit Wasser spülen und die Zähne putzen. Entsorgen Sie das ausgespuckte Öl mit dem Haushaltsmüll!

Molkebad

Molke, ein klassisches Naturheilmittel, kann innerlich als Trinkmolke, aber auch für eine Badekur verwendet werden. Es regt den Stoffwechsel an und unterstützt die Entgiftung über die Haut. In Reformhäusern erhalten Sie Molke als Konzentrat oder Frischmolke. Die Konzentrate werden entsprechend der Anweisung verdünnt.

Bringt den Stoffwechsel auf Trab

So wird's gemacht

Für ein Frischmolkebad benötigen Sie 1 l Frischmolke. Geben Sie die Molke in ein 38 Grad Celsius heißes Bad und baden Sie darin 20 bis 30 Minuten. Nachruhen nicht vergessen. Dieses Bad können Sie vier bis sechs Wochen lang zwei- bis dreimal pro Woche nehmen. Tägliches Baden würde den Körper zu stark belasten.

Baden Sie nicht jeden Tag

Bitte beachten Sie

Auch hier gilt: Allergiker müssen den Badezusatz auf seine Verträglichkeit überprüfen. Herz-Kreislauf-Kranke sollten die Anwendung von Bädern grundsätzlich mit ihrem Arzt oder Therapeuten besprechen.

Leberpackung

Die Leber, das Kraftwerk unseres Körpers, ist ein wichtiges Organ und in hohem Maße mit der Entgiftung betraut. Eine Leberpackung fördert die Durchblutung dieses Organs, was dem gesamten Stoffwechsel zugute kommt.
Für die Leberpackung benötigen Sie ein Leinenhandtuch, eine Wärmflasche und ein großes Frottiertuch.

Bitte beachten Sie

Nehmen Sie den Wickel sofort ab, wenn Sie sich nicht wohl fühlen! Bei Leberentzündungen, Lebervergrößerungen, Tumoren oder Gallensteinleiden sollten keine Leberwickel gemacht werden.

So wird's gemacht

Falten Sie das Leinentuch längs zusammen. Tauchen Sie ein Drittel des Tuches in heißes Wasser und wringen Sie es gründlich aus. Die Temperatur sollte so sein, daß Sie sie gut auf Ihrer Bauchhaut vertragen. Legen Sie sich hin und legen Sie nun zuerst den nassen Teil des Leinenhandtuchs auf Ihren Bauch. Darauf setzen Sie die

Testen Sie die Temperatur

mit heißem Wasser gefüllte Wärmflasche und schlagen den trockenen Teil des Handtuchs darüber. Jetzt wickeln Sie den Leib in das Frottiertuch. Lassen Sie den Leberwickel 20 Minuten wirken. Wichtig ist, daß Sie dabei bequem liegen und der ganze Körper gut zugedeckt ist. Hinterher sollten Sie unbedingt eine halbe Stunde nachruhen.

20 Minuten wirken lassen

Heilerde-Gesichtsmaske

Viele Menschen leiden bei überlasteter Stoffwechsellage unter unreiner Gesichtshaut im Stirn-, Nasen- und Kinnbereich. Eine Gesichtsmaske mit Heilerde klärt die Haut, da sie im feuchten Zustand die Poren der Haut öffnet und entzündungshemmend und antibakteriell wirkt. Heilerde für die äußerliche Anwendung erhalten Sie in Ihrer Apotheke.

Öffnet die Poren …

So wird's gemacht

Rühren Sie die Heilerde mit handwarmem Wasser an und streichen Sie sie auf die fettenden Hautpartien Ihres Gesichtes – der Mund- und Augenbereich wird dabei ausgespart. Nach zehn bis 15 Minuten beginnt die Gesichtsmaske anzutrocknen. Die Hautporen schließen sich wieder und das Fett und die darin enthaltenen Schmutzstoffe verbleiben in der Heilerde. Nach 20 bis 25 Minuten die Maske mit kaltem Wasser abwaschen und die Haut trockentupfen. Falls einzelne Hautpartien spannen, können Sie diesen mit einer für Ihren Hauttyp geeigneten Hautcreme neue Feuchtigkeit zuführen.

… und nimmt überschüssiges Fett und Schmutz auf

Lassen Sie Ihre Seele einmal baumeln …

Entspannung für Körper und Seele

Körperliche Entspannung ist für unseren Organismus extrem wichtig. Besonders deutlich erkennen Sie das daran, daß sich die volle Wirkungskraft von Anwendungen wie Leibwickel oder Vollbäder erst nach dem Nachruhen entfaltet.

Umwelteinflüsse und beruflichen Streß …

Pralle Sonne, Lärm, unzureichende Frischluftzufuhr, Temperaturen, die Unbehagen auslösen, ununterbrochen klingelnde Telefone – dies sind Streßfaktoren, die Sie alarmieren sollten. Denn bei solchen »reizenden« Einflüssen verspannt sich Ihr Körper, ohne daß Sie etwas dagegen tun können.

… in der Freizeit beiseite lassen

Ruhen Sie sich immer wieder einmal aus und machen Sie es sich gemütlich. Ob Sie sich im Sommer in eine Wiese legen, im Winter in Ihr Bett oder auf die Couch, ob drinnen oder draußen – wichtig ist, daß Ihr Aufenthaltsort frei von äußeren Streßfaktoren ist. Falls Sie musikalische Untermalung möchten, wählen Sie leise und entspannende Musik.

Die Naturmeditation

Am frühen Morgen oder in der Abenddämmerung bietet die Natur viele überraschende Schauspiele, viele große und kleine Wunder. Gönnen Sie sich Zeit, sie in Ruhe zu betrachten. Selbst in Großstädten gibt es

Angenehme Reize für die Sinne

Orte, wo Sie sich mit der Natur alleine fühlen und wo Sie all Ihre Sinne nur darauf richten können, Ihre natürliche Umgebung zu sehen, zu hören, zu riechen, zu fühlen und zu ertasten. Setzen Sie sich an den schönsten Ort, den Sie kennen, betrachten Sie die Pflanzen, den Himmel und die Lebewesen, lassen Sie Ihre Gedanken »fliegen«, geben Sie sich der Entspannung hin, die Ihnen die Natur zu geben vermag.

Die Reise ins innere Ich

Heben Sie in Gedanken ab

Setzen oder legen Sie sich an den bequemsten Ort Ihrer Wohnung. Schließen Sie die Augen, entspannen Sie sich und lassen Sie Ihre Gedanken »fliegen«. Wenn Sie unter starker Anspannung und Streß leiden, besteht die Gefahr, daß negative Gedanken die Oberhand gewinnen. Versuchen Sie, sich auf schöne, entspannte Zeiten zu konzentrieren. Stellen Sie sich vielleicht den Spaziergang am Strand oder ein anderes für Sie positives Erlebnis vor. Manchmal hilft es, wenn Sie ein »geistiges« Drehbuch über Ihre Zukunftspläne »schreiben«, in dem Sie sich ausmalen, wie sich Ihre Ziele und Wünsche erfüllen. Aber Achtung: Bauen Sie sich nicht allzu pompöse Luftschlösser, damit Sie nach Beendigung Ihrer »Reise« nicht von der Wirklichkeit enttäuscht sind – etwas Realitätsnähe ist empfehlenswert.

»Think positive«

Möchten Sie sich genauer über Entspannungstechniken informieren, stehen zahlreiche, gut verständliche Bücher zur Verfügung (→ Bücher, die weiterhelfen, Seite 92).

Massagen

Massieren kann man lernen

Massagen sind für unseren Körper außerordentlich entspannend und besitzen große Tiefenwirkung. Auch der Ungeübte kann es in Heimarbeit zu großer Fertigkeit in der Massagetechnik bringen und damit sich selbst oder dem/der Partner/in zu manch angenehmer Stunde verhelfen.

Immer mit warmen Händen

Einige Grundlagen zuvor: Als massierende Person sollten Sie sich immer ruhig und langsam bewegen, sprechen Sie mit ruhiger, entspannter Stimme – das Gesprochene aber sollte auch inhaltlich zur Entspannung beitragen! Wärmen Sie gegebenenfalls vorher Ihre Hände in warmem Wasser an und nehmen Sie eine bequeme, nicht verspannte Haltung neben Ihrem Partner/ Ihrer Partnerin ein. Stellen Sie das Massageöl in erreichbare Nähe.

Partnermassage

Der/die Partner/in, der/die massiert werden soll, legt sich mit freiem Oberkörper auf eine bequeme, nicht allzu weiche Unterlage; den Unterkörper mit einer Decke bedecken, damit er nicht auskühlt. Die Arme liegen entspannt neben dem Körper.

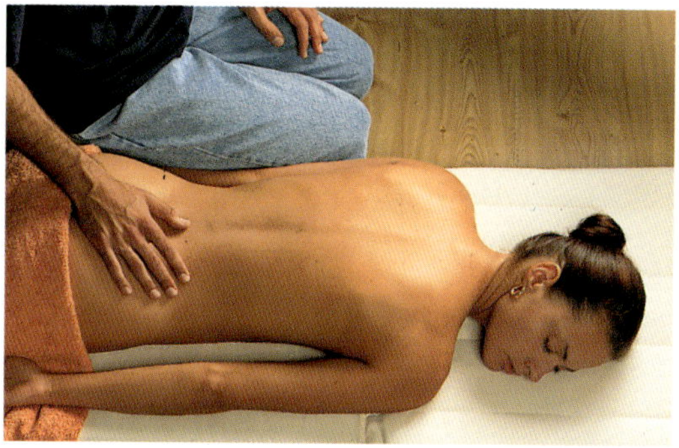

1 Legen Sie Ihre Hand ohne Öl auf den Lendenbereich Ihres Partners und belassen Sie sie etwa eine Minute dort, um langsam den Kontakt aufzunehmen.

In Ruhe Kontakt aufnehmen

Wichtig: Haben Sie erst einmal Kontakt zum Rücken aufgenommen, lösen Sie diesen erst wieder zum Ende der Massage. Lassen Sie den Rücken niemals unvermittelt los oder lösen Sie nie beide Hände gleichzeitig vom Rücken; eine Hand sollte immer in Berührung mit dem Körper bleiben!

Immer in Verbindung bleiben

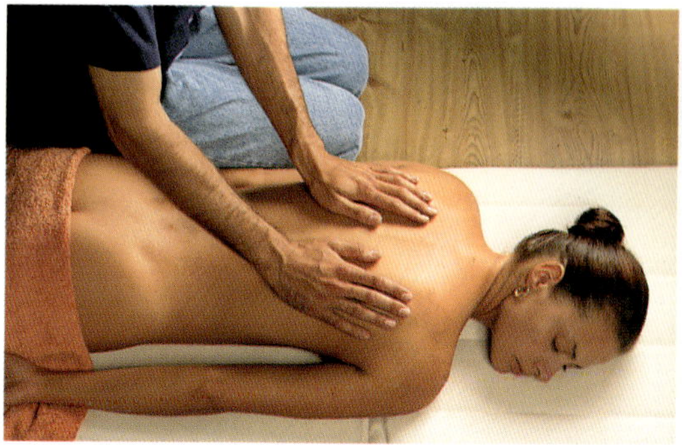

2 Geben Sie in eine Handinnenfläche Massageöl und verteilen es auf dem Rücken. Streichen Sie in langen Bewegungen von oben nach unten, also von den Schulterblättern zum Becken, und nähern Sie sich dabei von der Taille aus der Wirbelsäule.

Das Öl gleichmäßig verteilen

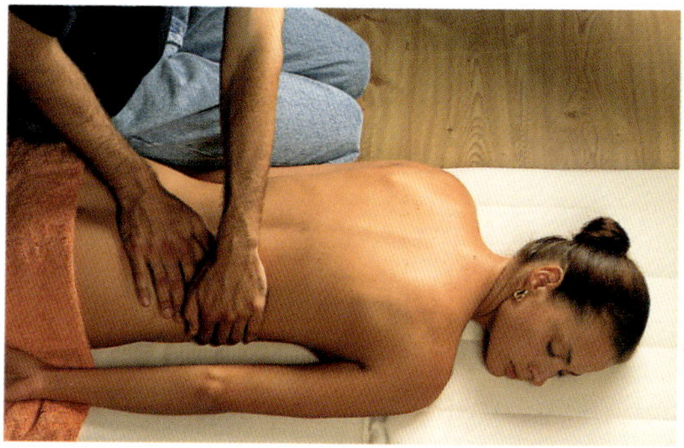

3 Streichen Sie zuerst die rechte, dann die linke Körperseite von außen nach innen aus. Beginnen Sie auch hierzu wieder im Schulterbereich und arbeiten Sie sich bis zum Lendenbereich vor.

Von oben nach unten seitlich ausstreichen

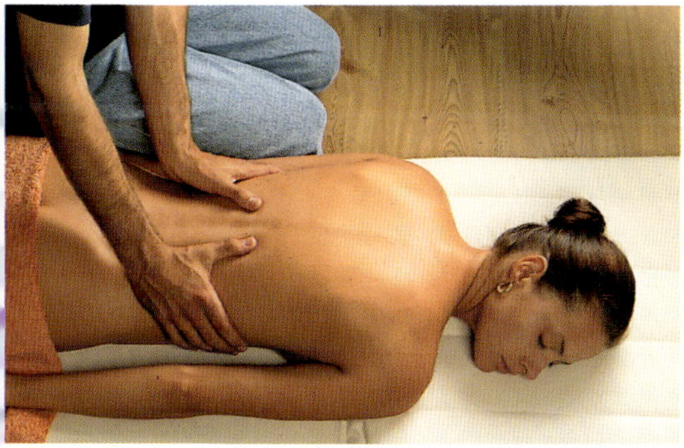

Daumen wandern kreisförmig nach oben

4 Beginnend neben der Lendenwirbelsäule, bewegen Sie die Daumen mit sanftem Druck rechts und links entlang der Wirbelsäule in Richtung Hals. Die Daumen bewegen sich dabei kreisförmig, die Wirbelsäule als »Hilfslinie«, nach oben.

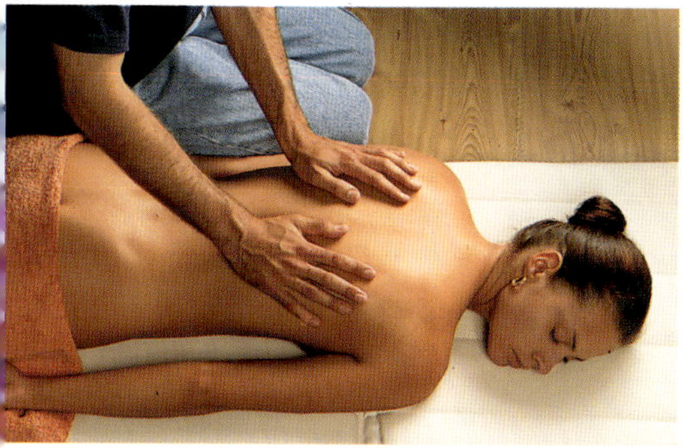

Noch einmal ausstreichen

5 Am Hals angekommen streichen Sie den Rücken mit beiden Händen von oben nach unten aus. Das seitliche Ausstreichen und die Daumenspirale können Sie noch zweimal wiederholen.

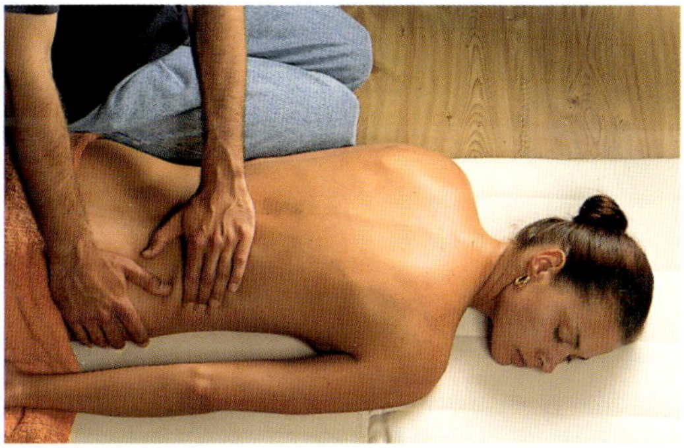

Rundum kräftig kneten

6 Für das Kneten im Wechselgriff beginnen Sie an der Schulter und arbeiten sich bis zum Lendenbereich vor, zuerst die rechte, dann die linke Seite. Zwei- bis dreimal wiederholen. Danach den Rücken von unten nach oben ausstreichen.

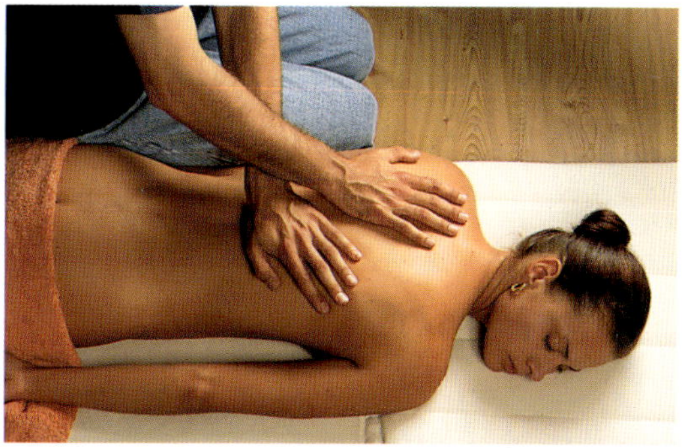

»Achten« mit viel Schwung

7 »Malen« Sie mit beiden Händen liegende Achten und beginnen Sie an den Schultern. Die Hände leicht versetzt aufsetzen, dann kommen Sie sich nicht selbst in die Quere.

Die 8-Tage-Kur für Körper und Seele

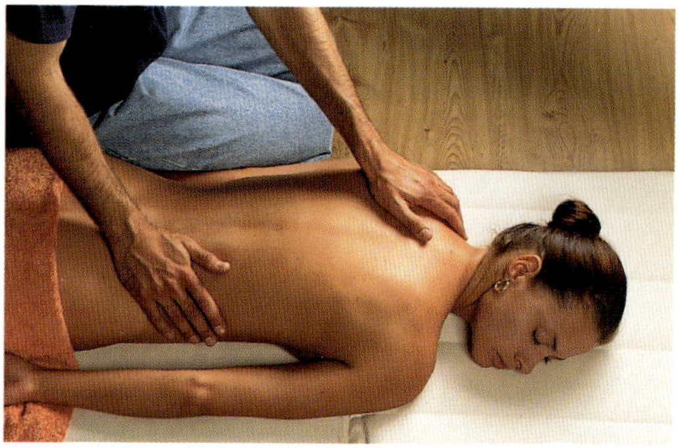

Auch jetzt: nicht plötzlich loslassen.

8 Wie die Kontaktaufnahme so erfolgt auch das Loslassen nicht plötzlich. Lassen Sie die linke Hand zunächst etwa eine Minute auf der linken Schulter und die rechte Hand auf der rechten Taille liegen. Wechseln Sie nun Hände und Seiten, achten Sie aber auch diesmal darauf, die Hände nacheinander zu lösen.
Verweilen Sie auf jeder Seite etwa eine Minute.

»Spickzettel« für die Partnermassage:

- Langsame Kontaktaufnahme
- Ausstreichen von oben nach unten
- Ausstreichen von außen nach innen
- Daumenkreisen von unten nach oben
- Ausstreichen von oben nach unten
- Seitliches Kneten
- Liegende Achten »malen«
- Ruhen der Hände auf Schulter und Taille
- Langsames Verabschieden

9 Zum Abschluß legen Sie die rechte Hand auf das Steißbein, die linke auf den Nacken und verweilen so etwa zwei Minuten. Lösen Sie sich dann langsam, erst die eine, dann die andere Hand. Decken Sie Ihre Partnerin/Ihren Partner gut zu und lassen Sie sie/ihn noch etwa 15 Minuten nachruhen.

Nachruhen nicht vergessen

Es ist noch kein Meister vom Himmel gefallen. Gehen Sie nicht zu akribisch, sondern eher locker an die Sache heran. Mit etwas Übung werden Sie merken, daß auch Sie immer entspannter werden und Ihre Partnerin/Ihr Partner die Massage so richtig genießen kann.

Die Massage mit ätherischen Ölen

Wenn Sie Ihr Massageöl mit ätherischen Ölen anreichern, können Sie die Wirkung der Massage – entspannend, anregend oder auch erotisierend – vervollkommnen. Im Handel werden immer häufiger bereits fertig gemischte Kreationen angeboten. Sowohl für die fertigen Mischungen als auch für die einzelnen Öle gilt: kaufen Sie nur 100 % reine ätherische Öle, keine naturidentischen Öle oder Parfumöle. Diese riechen zwar fast wie reine Öle, sind aber synthetisch hergestellt und können auf der Haut zu starken Reaktionen führen. Verwenden Sie ausschließlich Düfte, die Sie und Ihr Partner als angenehm empfinden. Bringen Sie die ätherischen Öle niemals »pur« auf die Haut, sondern immer mit Basisölen wie Jojoba-, süßem Mandel- oder Macadamianußöl gemischt. Wenn Sie eine Lieblingsmischung entdeckt haben, lohnt es sich, diese auf Vorrat herzustellen und in Braunglasfläschchen aufzubewahren.

Mischen Sie selbst

So wird's gemacht

Entspannend und doch gleichzeitig anregend und vitalisierend ist folgende Komposition:

50 ml Jojobaöl
1 Tropfen Lavendel
2 Tropfen Palmarosa
2 Tropfen Zitrone
1 Tropfen Rosenholz

Möchten Sie zur Ruhe kommen und am Abend so richtig schön aus dem Tag gleiten, bietet sich die folgende Mischung an:

50 ml süßes Mandelöl
2 Tropfen Ylang Ylang
5 Tropfen Lavendel
3 Tropfen Zeder
5 Tropfen Sandelholz

Geben Sie alle Öle in eine entsprechend große Flasche und mischen Sie die Zutaten, indem Sie die Flasche zwischen den Händen hin- und herrollen. So vermischen sich die Öle und wärmen sich gleichzeitig auf Körpertemperatur auf.
Mit Hilfe von Duftlampen können Sie sich übrigens zu Hause eine schöne Atmosphäre schaffen – haben Sie schon eine? (Siehe auch Bücher, die weiterhelfen, Seite 92.)

Bitte beachten Sie

Ätherische Öle können unter Umständen Allergien auslösen. Sie können auf das Öl selbst – was seltener vorkommt – oder aber auf chemische Rückstände im Öl allergisch reagieren.
Deshalb sollten Sie sich die Angaben auf den Fläschchen immer genau durchlesen.
Folgende Angaben sollten immer vorhanden sein:
- 100 % reines ätherisches Öl
- deutscher und lateinischer Pflanzenname
- Qualitätsangaben wie »aus kontrolliert biologischem Anbau« oder »aus Wildsammlung«
- »Rückstandsgeprüft«

Eine Fuß-masssage erfrischt den ganzen Körper.

Selbstmassage

Wenn kein Partner zur Verfügung steht, können Sie sich Beine und Füße auch selbst massieren. Eine solche Massage belebt den gesamten Organismus.

So wird's gemacht

Setzen Sie sich auf ein Frottiertuch auf die Bett- oder eine Stuhlkante. Stützen Sie ein Bein auf einen vor Ihnen stehenden Hocker auf und verteilen Sie mit streichelnden Bewegungen das Massageöl gründlich auf Ihrem Bein.
Kneten Sie jetzt den Oberschenkel an der Außenseite von oben nach unten gut durch, immer abwechselnd mit der einen, dann mit der anderen Hand. Danach streichen Sie vom Knie in Richtung Hüfte aus. Diesen Ablauf führen Sie zunächst vorne am Oberschenkel, dann hinten und zuletzt in der Innenseite aus. Streichen Sie vor dem Seitenwechsel immer zum Herzen hin aus.

Los geht's am Oberschenkel …

Nun wird die Wadenmuskulatur in gleicher Weise durchgearbeitet. Beginnen Sie am Fuß und kneten Sie aufwärts in Richtung Knie, streichen Sie danach wieder aus. Jedes Bein sollte auf diese Weise zweimal durchmassiert werden.

… über die Wade zum Fuß

Abschließend folgt die Fußmassage. Falls nötig geben Sie noch einmal etwas Massageöl auf Ihre Handflächen und verteilen dieses auf den Füßen. Legen Sie den Fuß mit dem Knöchel so auf das Knie des anderen Beines, daß Sie die Fußsohle gut erreichen können.
Beginnen Sie am kleinen Zeh. Massieren Sie jeden Zeh mit Daumen und Zeigefinger mehrmals durch. Behandeln Sie den großen Zeh besonders intensiv, vor allem dessen Unterseite.
Zur Massage der Fußsohle legen Sie beide Hände auf den Fuß und massieren mit den Daumen in kreisenden Bewegungen von innen nach außen.

Ihre Füße freuen sich über die Zuwendung

Streichen Sie zum Schluß den Fuß mit der flachen Handfläche aus. Nach der Massage sollten Sie sich noch etwa 15 Minuten Ruhe gönnen.
Weitere Anleitungen zu Massagen finden Sie in zahlreichen Büchern (→ Bücher, die weiterhelfen, Seite 92).

Entspannung im Schlaf

Viele Menschen können nur im Schlaf richtig entspannen, weil sie bei Meditationen und Entspannungsübungen nur schwer abschalten können. Umso wichtiger ist es, die richtige »Schlafhygiene« zu betreiben. Das heißt, den Schlaf besonders zu pflegen und alle Störfaktoren aus dem Weg zu räumen.

Fünf Regel für den guten Schlaf:

Regelmäßige Schlafzeiten

Erste Voraussetzung für eine gute Entspannung im Schlaf ist die Regelmäßigkeit. Unser Körper unterliegt einem gleichmäßigen Biorhythmus, der sich dem Licht, den Jahreszeiten und unserem Tagesablauf anpaßt. Von diesen Regelmechanismen wird nicht nur der Schlaf-Wach-Wechsel im Gehirn bestimmt, sie nehmen auch Einfluß auf die Ausschüttung von Hormonen, die wiederum die Tätigkeit unseres Kreislaufs und aller chemischen Vorgänge in den Körperzellen lenken. Kommen wir nicht zur Ruhe oder sind die Schlafzeiten sehr unterschiedlich, dann können diese Regelmechanismen empfindlich gestört werden. Sorgen Sie deshalb dafür, daß Sie möglichst regelmäßig zu Bett gehen und auch wieder aufstehen. Sie sollten auf alle Fälle versuchen, vor 24 Uhr einzuschlafen.

Nicht zu spät abendessen

Aber auch äußere Faktoren beeinflussen den Erholungswert unseres Schlafes. So sollten Sie Ihre letzte Mahlzeit spätestens drei Stunden vor dem Zubettgehen zu sich nehmen, damit der Magen nicht überlastet ist.

Viel frische Luft

Sorgen Sie für eine ausreichende Frischluftzufuhr während der ganzen Nacht, damit genügend Sauerstoff für die Stoffwechselvorgänge zur Verfügung steht.

Ruhige Umgebung

Eine ruhige Umgebung wäre wünschenswert, ist heute aber leider nicht mehr überall möglich.

Elektrostecker raus, Geräte aus

Allerdings haben Sie es selbst in der Hand, sich vor »Elektrosmog« – zumindest im Schlafzimmer – zu schützen. Radiowecker auf dem Nachtisch, TV-Geräte am Fußende des Bettes sollten der Vergangenheit angehören; elektrische Geräte haben im Schlafzimmer nichts zu suchen oder sollten zumindest in der Nacht vollständig ausgeschaltet sein.

Der dritte Schritt – Säure-Basen-Balance im Alltag

Sicher ist es nicht ganz einfach, all die beschriebenen Dinge im Alltag auch umzusetzen, zumal eine Besserung der Beschwerden, die Sie dazu gebracht haben, dieses Buch zu kaufen, nicht sofort nach der ersten Umstellung zu spüren sein wird.

Haben Sie etwas Geduld mit sich

Haben Sie über lange Zeit Ihren Körper übersäuert, kann sein pH-Wert unmöglich nach wenigen basisch ausgerichteten Mahlzeiten im neutralen Bereich liegen. Wenn Sie aber die Acht-Tage-Kur sowohl für die Ernährung als auch für Körper und Seele durchführen, werden Sie bald eine deutliche Besserung spüren.

Erlauben Sie sich eine Probephase!

Nähern Sie sich langsam, aber stetig Ihrem Ziel, der Säure-Basen-Balance.

Stellen Sie nicht plötzlich alles um

Die Praxis zeigt, je radikaler wir unsere Lebens- und Eßgewohnheiten umstellen wollen, desto schneller werfen wir unsere Vorhaben wieder über Bord. Lassen Sie sich daher Zeit, damit Sie auch später noch anhaltende Erfolge erzielen.

Probieren Sie, was Ihnen schmeckt

Beginnen Sie zunächst mit einem Entlastungstag, um Ihren Körper einzustimmen. Dann probieren Sie, was Ihnen schmeckt und was Ihrem Körper gut tut; gehen Sie eher spielerisch als verbissen an die Sache heran! Und wenn Sie einmal das dringende Bedürfnis haben, über die Stränge zu schlagen – dann tun Sie es einfach! Wenn Sie danach wieder der basischen Kost den Vorzug geben, wird Ihnen Ihr Körper diesen kleinen »Ausrutscher« nicht verübeln.

Zu Beginn ein Entlastungstag

Bevor Sie Ihre Acht-Tage-Kur beginnen, legen Sie einen Entlastungstag ein. Essen Sie an diesem Tag wenig und einfach, gerade so viel, daß Sie eben satt sind. Ihre Nahrung sollte sich aus Rohkost, Obst und Gemüsebrühe zusammensetzen.

Trinken Sie viel

Trinken Sie nur Kräutertees oder kohlensäurefreies Mineralwasser, steigern Sie Ihre Trinkmenge auf zwei bis zweieinhalb Liter. Meiden Sie außerdem Genußgifte

wie Zigaretten, Alkohol, Kaffee und Süßigkeiten.
Zum Entlastungstag gehört außerdem, daß Sie versuchen, sich von seelischen Lasten, Streß und Spannungen zu befreien. Machen Sie »Urlaub« von allen Belastungsfaktoren.

Bauen Sie Streß ab

Mit Gelassenheit ans Werk

Wollen Sie Ihre Ernährungs- und Lebensgewohnheiten ändern, ist es anfangs sicher wichtig, Ihre persönliche Stoffwechselsituation zu erkunden; dazu ist das theoretische Wissen im ersten Abschnitt dieses Buches mit der Erstellung eines Säure-Basen-Tagesprofils (→ Seite 28) erforderlich. Aber allein durch Probieren gewinnen Sie im Laufe der Zeit ein Gefühl dafür, was Ihr Körper braucht. Sie werden sehen, schon nach kurzer Zeit werden Sie zum Beispiel in der Voraussage Ihres Urin-pH-Wertes erstaunlich sicher sein. Deshalb ist es überflüssig, nach den ersten Erfahrungen noch jeden Tag neue Meßwerte zu ermitteln; verfallen Sie auf keinen Fall in einen »Meßzwang«!
Wenn Sie sensibilisiert sind, vermittelt Ihnen Ihr Gefühl meist recht exakt, wie es um Ihren Stoffwechsel steht.

Jeden Tag messen ist nicht nötig

Vergessen Sie die Bewegung nicht

Suchen Sie sich einen Ausgleichssport, der Ihnen Spaß macht. Besonders zu empfehlen sind Fahrradfahren, Schwimmen und zügiges Gehen, das in letzter Zeit unter dem Namen »Walking« für Furore gesorgt hat. Wichtig ist – egal wofür Sie sich entscheiden – aber die frische Luft, an der Sie sich bewegen; es soll ja schließlich möglichst viel Säure abgeatmet werden (→ Seite 10). Schon wenn Sie sich dreimal pro Woche eine dreiviertel Stunde auf diese Art körperlich betätigen, helfen Sie Ihrem Stoffwechsel einen großen Schritt weiter.

Bewegung an frischer Luft ist angesagt

Dreimal pro Woche 45 Minuten reichen aus

Körperliche Anstrengung sollte aber auch immer Spaß machen, sonst werden die besten Vorsätze in kürzester Zeit in den Wind geschlagen. Vielen Menschen macht es mehr Freude, in einer Gruppe Sport zu betreiben. Für sie bieten sich vor allem Laufgruppen, Gymnastik und Tanz oder die zahlreichen Ballspiele an, die von fast jedem Sportverein angeboten werden.

pH-Ausgleich durch Mineralstoffpräparate

Es steht außer Frage, daß die Säure-Basen-Balance durch eine geeignete Lebens- und Ernährungsweise erreicht und beibehalten werden sollte. Dieser Weg kann mit mineralstoff- und spurenelementhaltigen Präparaten unterstützt werden.

Präparate nur ausnahmsweise

Meiner Auffassung nach sollten jedoch sowenig wie möglich Arzneistoffe oder Mineralstoffpräparate zum Einsatz kommen, da diese massiv in den Stoffwechsel eingreifen. Es macht keinen Sinn, wenn Sie auf diese Weise Ihren pH-Wert im Urin in den basischen Bereich »prügeln«, an Ihrer Ernährung, Ihrer Lebenseinstellung und der Art, wie Sie mit Ihrem Körper umgehen, aber nichts ändern. Es ist auch trügerisch, wenn Ihre Werte zwar »basisch« sind, Sie aber völlig »übersäuert« leben – im Sinne von seelischem Ungleichgewicht und Streß, womöglich in Verbindung mit Genußgiften wie Nikotin und Alkohol.

Die Umstellung ist langfristig wirksamer

Natürlich ist es besser, mit Hilfe eines Arzneimittels basische Werte zu haben als stark übersäuerte – und dieses Ziel ist so auch bequemer und leichter zu erreichen als mit einer möglicherweise umfassenden Veränderung der Lebensweise. Dieser Weg entspricht aber nicht unseren Ansprüchen an eine dauerhafte Säure-Basen-Balance!

Ich persönlich habe mich dazu entschlossen, auf jeder Ebene basisch zu leben, und es scheint mir so gut zu gelingen, daß ich auf einen medikamentösen Ausgleich verzichten kann.

Haben Sie sich jedoch nach Rücksprache mit Ihrem Arzt oder Therapeuten dafür entschieden, neben der Umstellung der Ernährungs- und Lebensweise ein Entsäuerungsmittel einzunehmen, sollten Sie dies auf jeden Fall nur vorübergehend, also kurmäßig tun.

pH-Ausgleich durch Mineralstoffpräparate

Chemische Mineralstoffpräparate

Entsäuernde Fertigpräparate sind zum Beispiel Alkala-N-Pulver, Basica-Pulver, Bullrichsalz-Tabletten® oder -Pulver®, Metz-Aktivkalk-Pulver und Neukönigsförder-Mineraltabletten®.
Friedrich Sander, ein Säure-Basen-Pionier, hat ein Basenpulver entwickelt, welches Säuren puffert und gleichzeitig Mineralien zuführt. Die Originalrezeptur von Sander lautet:

Basenpulver-Rezeptur

Natrium phosphoricum 10,0
Kalium bicarbonicum 10,0
Kalzium carbonicum 100,0
Natrium bicarbonicum ad 200,0

Diese Mischung können Sie sich ganz einfach in Ihrer Apotheke zubereiten lassen.
Mischen Sie davon einen halben Teelöffel mit einem viertel Liter Wasser, rühren Sie gut um und trinken Sie die Lösung nach dem Essen. Stößt Ihnen danach Luft auf, zeigt dies, daß eine Säurepufferung im Magen stattgefunden hat.
Aber auch hier gilt: Nehmen Sie Basenpulver-Mischungen immer nur vorübergehend und ausschließlich nach Rücksprache mit Ihrem Arzt ein!

Pflanzliche Mineralstoffspender

Pflanzliche Präparate

Neben den reinen Mineralstoffpräparaten stehen auch pflanzliche Präparate zur Verfügung; auch sie sollten nur nach Vorschrift angewendet werden.
Basische Wirkung auf den Körper haben

- fermentierte Blütenpollen
- Spirolinaalge
- Alfalfasprossen
- Preßextrakte aus Weizenkeimen oder, noch besser, grüner Gerstenextrakt (Barli grin)
- Orgon Wurzelkraft und Orgon 7x7 Kräutertee

Bitte beachten Sie

Vorsicht bei Krankheiten

Nierenkranke und Menschen, die Arzneimittel nehmen müssen, welche die Wasserauscheidung beeinflussen, dürfen die empfohlenen Mineralstoffpräparate nicht anwenden, da sie zu tief in den Mineralhaushalt des Körpers eingreifen.
Das gleiche gilt für Menschen, deren Magen zuwenig Säure produziert: Die Beschwerden, die von einem Säuremangel hervorgerufen werden, zum Beispiel Völlegefühl und Verdauungsschwächen, könnten dadurch verstärkt werden.

Die Säure-Basen-Balance im Alltag

Entsäuern mit Tee – eine gute Alternative.

Sie erhalten die auf Seite 87 genannten Produkte über den Fachhandel oder über den Versandhandel von Naturprodukten, zum Beispiel Pro-Care (→ Adressen, die weiterhelfen, Seite 92).

Mischen Sie sich Ihren Tee selbst

Es müssen aber nicht immer chemische Mineralstoff-Präparate oder fertig zu kaufende, pflanzliche Mineralstoffspender sein. Wenn Sie sich von Zeit zu Zeit in »basischer Hinsicht« etwas Gutes tun wollen, bereiten Sie sich doch einfach einen Entsäuerungstee zu. Alle Zutaten für diesen Tee erhalten Sie in Reformhäusern oder in Ihrer Apotheke. Ihre Apothekerin/Ihr Apotheker berät sich sicher auch gern dazu.

So wird's gemacht:

2 TL Ackerschachtelhalm
2 TL Brennesselkraut
1 TL Kamillenblüten
1 TL geschrotete Fenchelsamen
1/2 TL Brunnenkressesamen

Geben Sie alle Zutaten in ein Teesieb und übergießen Sie sie mit einem halben Liter kochendem Wasser. Den Tee sechs Minuten ziehen lassen, anschließend abseihen und in einer Thermoskanne warmhalten.
Trinken Sie dreimal täglich eine Tasse Entsäurungstee. Wichtig ist, daß Sie die erste Tasse morgens auf nüchternen Magen zu sich nehmen.

Harmonisches Leben – Balance der Säfte und Kräfte

Die Seele gehört zum Ganzen

Über all der Sorge um diese Körperlichkeiten dürfen Sie jedoch auf keinen Fall Ihre Seele vergessen. Auch sie braucht einen Ausgleich, wenn Sie allzu »sauer« leben, ihr nicht die notwendige Entspannung, Ruhe und Zuwendung geben. Je harmonischer Ihr Leben abläuft, desto mehr gleicht Ihre Psyche das Ungleichgewicht von sauer und basisch aus.

Streß gehört zum Leben …

Die wenigsten Menschen können sich leisten, eine von Streß und Eile völlig losgelöste Lebensweise zu führen. Es soll hier nicht um die uns in unserer Persönlichkeit stärkende Herausforderung privater oder beruflicher Art gehen, sondern um das Zuviel, das manchmal vielleicht nur kleine Quentchen, welches das Faß zum Überlaufen bringt – in unserem Fall wäre dies, bildlich gesprochen, das Säure-Faß.

… sollte aber nicht überhandnehmen

Stellen Sie sich die Aspekte unseres Seins als Teil eines Mobiles vor. Nur das Gleichgewicht der Kräfte des filigranen Gebildes führt zu diesem wunderschönen Objekt. Seine Schönheit besteht darin, daß es nicht starr von der Decke hängt, sondern sich leicht in den Luftströmen bewegt, darin tanzt. Ebenso frei beweglich sollte unser Leben sein, ein ausgeglichener Wechsel zwischen Anspannung und Entspannung.

Harmonie zwischen Anspannung und Entspannung

Die Monade, der bildliche Inbegriff der Harmonie, zeigt das Zusammenspiel der verschiedenen, gegensätzlichen Kräfte. Das Bild ist rund, abgeschlossen wie ein Ball; die verschiedenen Elemente gehen ineinander über, beinhalten aber auch immer einen Teil des anderen. Ob es sich um das chinesische Yin oder Yang (das Hin- oder Abgewandte) handelt, das Für oder Wider, das Glück oder die Not, das Saure oder das Basische – alles zusammen verschmilzt im Kreis. Es liegt an uns, mit diesem Ball zu spielen.

Die Gegensätze vereint

Glossar

Autogenes Training: Eine leicht erlernbare Entspannungsmethode ist das Autogene Training. Nachdem in sechs Übungsstufen Ihre körperlichen Spannungen abgebaut wurden, erwerben Sie die Fähigkeit, auch Ihr Denken und Fühlen in eine positive Richtung zu lenken. Mit Hilfe bestimmter Leitsätze können Sie danach Ihr streßbetontes Verhalten ändern.

Fasten: Fasten hat nichts mit Hungern zu tun. Unter therapeutischer Anleitung verzichten Sie über einen bestimmten Zeitraum völlig oder fast völlig auf Nahrung; Getränke (Tees, Säfte, Mineralwasser) dagegen werden dem Körper in ausreichender Menge zur Verfügung gestellt. Der Organismus wird so von der Verdauungsarbeit entlastet, er bezieht in dieser Zeit die notwendige Energie aus seinen Reserven und hat Gelegenheit, abgelagerte Giftstoffe auszuscheiden und sich selbst zu regenerieren. Unterstützt werden diese Vorgänge durch Einläufe, die die Darmschleimhaut reinigen.

F.-X.-Mayr-Kur: Diese Darmreinigungskur findet man häufig unter dem Namen Milch-Semmel-Fasten. Unter ärztlicher Leitung werden neben einer Diät, die aus Milch und Semmeln besteht, zahlreiche darmreinigende und stoffwechselaktivierende Maßnahmen durchgeführt. Wichtig ist, daß keine Milch- oder Weizenallergie vorliegt.

Heilerde: Gereinigter und entkeimter Ton oder Lehm wird fein zermahlen. Er saugt Giftstoffe aus Schleimhäuten und Haut. Daher wird er innerlich angewendet bei Durchfällen oder Magen-Darm-Erkrankungen, und äußerlich bei nässenden Hautgeschwüren oder Ausschlägen. Packungen werden bei Gelenkerkrankungen oder Weichteilbeschwerden aufgelegt.

Kneippsche Anwendungen: Der Pfarrer Sebastian Kneipp nahm die schon im Altertum bekannten Wasserbehandlungen wieder auf und entwickelte daraus verschiedenen Behandlungssysteme, mit deren Hilfe die Funktionen der inneren Organe harmonisiert werden. Allerdings beinhaltet eine vollständige Kneipp-Therapie nicht nur die Anwendung von Wasser, sondern auch die Behandlung mit Pflanzenheilmitteln, eine gesunde Ernährung, ausreichend Bewegung und die Pflege der Seele durch eine ausgewogene Lebensweise.

Alles hat seine Stunde

Alles hat seine Stunde.
Für jedes Geschehen unter dem Himmel
gibt es eine bestimmte Zeit:
Eine Zeit zum Gebären
und eine Zeit zum Sterben,
eine Zeit zum Pflanzen
und eine Zeit zum Abernten der Pflanzen,
eine Zeit zum Töten
und eine Zeit zum Heilen,
eine Zeit zum Niederreißen
und eine Zeit zum Bauen,
eine Zeit zum Weinen
und eine Zeit zum Lachen,
eine Zeit für die Klage
und eine Zeit für den Tanz,
eine Zeit zum Steinewerfen
und eine Zeit zum Steinesammeln,
eine Zeit zum Umarmen
und eine Zeit, die Umarmung zu lösen,
eine Zeit zum Suchen
und eine Zeit zum Verlieren,
eine Zeit zum Behalten
und eine Zeit zum Wegwerfen,
eine Zeit zum Zerreißen
und eine Zeit zum Zusammennähen,
eine Zeit zum Schweigen
und eine Zeit zum Reden,
eine Zeit zum Lieben
und eine Zeit zum Hassen,
eine Zeit für den Krieg
und eine Zeit für den Frieden.

Salomo

Zum Nachschlagen

Bücher, die weiterhelfen

Collier, Dr. med. Renate, *Wie neugeboren durch Darmreinigung*; Gräfe und Unzer Verlag, München

Greissing, H., Zillo, A., *Zilgrei gegen Rückenschmerzen*; Mosaik Verlag, München

Hopfenzitz, Petra, *Mineralstoffe*, GU Kompaß; Gräfe und Unzer Verlag, München

Huth, Dr. med. A., Huth, Dr. med. W., *Meditation, Begegnung mit der eigenen Mitte*; Gräfe und Unzer Verlag, München

Koch, Fred W., *Saure Nahrung macht krank*; Frech-Verlag, Stuttgart

Kraske, Dr. med. Eva-Maria, *Candida – Pilzinfektionen natürlich behandeln*; Gräfe und Unzer Verlag, München

Kraske, Dr. med. Eva-Maria, Illies, A., *Candida – Richtig essen bei Pilzinfektionen*; Gräfe und Unzer Verlag, München

Langen, Prof. Dr. med. D., *Autogenes Training*; Gräfe und Unzer Verlag, München

Lützner, Dr. med. Hellmut, *Wie neugeboren durch Fasten*; Gräfe und Unzer Verlag, München

Lützner, Dr. med. Hellmut, Million, Helmut, *Richtig essen nach dem Fasten*; Gräfe und Unzer Verlag, München

Mayr, *Kneipp und die gesunde Ernährung*; Haug Verlag, Heidelberg

Notelovitz, M., Ware, M., *Aufrecht bis ins hohe Alter*; Goldmann Verlag, München

Rauch, Dr. med. Erich, *Die F. X. Mayr-Kur und aktive Gesundheitspflege*; Haug Verlag, Heidelberg

Rauch, Dr. med. Erich, *Blut- und Säfte-Reinigung/Milde Ableitungskur*; Haug Verlag, Heidelberg

Sander, Friedrich, *Der Säure-Basen-Haushalt des menschlichen Organismus*; Hippokrates Verlag, Stuttgart

Sivananda-Yogazentrum, *Yoga für alle Lebensstufen – in Bildern*; Gräfe und Unzer Verlag, München

Schmidt, Sigrid, *Bachblüten für Kinder*; Gräfe und Unzer Verlag, München

Schmidt, Sigrid, *Innere Harmonie durch Bachblüten*; Gräfe und Unzer Verlag, München

Werner, Monika, *Ätherische Öle*, Der große GU Ratgeber; Gräfe und Unzer Verlag, München

Werner, Monika, *Sanfte Massage mit ätherischen Ölen*; Gräfe und Unzer Verlag, München

Worlitschek, Dr. med. Michael, *Der Säure-Basen-Haushalt – Gesund durch Entsäuerung*; Haug Verlag, Heidelberg

Worlitschek, Dr. med. Michael, *Praxis des Säure-Basen-Haushalts*; Haug Verlag, Heidelberg

Adressen, die weiterhelfen

Anschriften von Ärzten für Naturheilverfahren:
Zentralverband der Ärzte für Naturheilverfahren
Alfredstraße 21
72250 Freudenstadt

Anschriften von Mayr-Ärzten und Mayr-Kursanatorien in Deutschland, Österreich und der Schweiz:
Gesellschaft der Mayr-Ärzte
Gesundheitszentrum am Wörthersee
A-9082 Wörth-Dellach, Kärnten

Verein Lernen – Vorbeugen – Heilen e.V.
Dr. med Renate Collier
Rosenanger 10
31595 Steyerberg

Infostelle »Vital durch Entsäuerung«
Postfach 1255
63232 Neu-Isenburg

Deutsche Gesellschaft für Ernährung e.V. (DGE)
Feldbergstraße 28
60323 Frankfurt/Main

Deutsche Zilgrei Gesellschaft e.V.
Wallgrabenstraße 6
97922 Lauda-Königshofen

Gemeinnütziger Verein für Förderung, Schutz und Verbreitung der Aromatherapie und Aromapflege
Forum Essenzia e. V.
Mäuselweg 29
81375 München

Fachversand für natürliche Nahrungsergänzung und mehr
Pro Care
Am Kirchberg 11
64397 Modautal

Sachregister

Redaktion: Gabriele Hopf
Lektorat: Dr. Maren Killmann
Fotos: Barbara Bonisolli
Styling: Barbara Huss
Foodstyling: Hans-Albrecht Gerlach
weitere Fotos: Mike Masoni Titel, S. 66; Christophe Schneider S. 6, 67, 82; Infostelle Vital durch Entsäuerung S. 8, 13; Image Bank S. 20; Bavaria Bildagentur S. 24; Tony Stone S. 38, 76; Reiner Schmitz S. 73, Umschlagrückseite; Gudrun A. Kaiser S. 78–80.
Zeichnung: Martin Scharf
Layout und Umschlaggestaltung: Heinz Kraxenberger
Gesamtherstellung: BuchHaus Gigler GmbH
Lithos: Artilitho, I-Gardolo
Druck und Bindung: Appl, Wemding
Printed in Germany

ISBN 3-7742-2920-1

Auflage 6. 5. 4. 3.
Jahr 2000 99 98 97